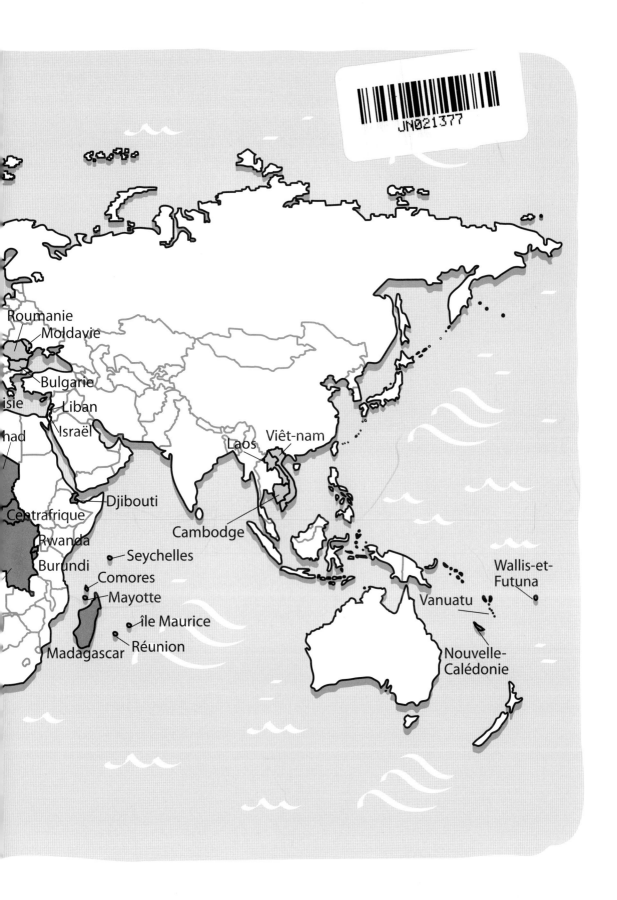

JN021377

Roumanie
Moldavie

Bulgarie

isie Liban

had Israël

Djibouti

Centrafrique

Rwanda

Burundi

Seychelles

Comores

Mayotte

Madagascar

île Maurice

Réunion

Laos Viêt-nam

Cambodge

Wallis-et-
Futuna

Vanuatu

Nouvelle-
Calédonie

Luxen
Belgiqu
France
Maroc
Mauritanie
A
Sénégal
M
Guinée
Côte d'Ivoire
Burkina Faso Togo
Bér
Camero
Ga
Rép. C
Rép. Dém.

Canada
Québec
Nouveau-Brunswick
Louisiane
Haïti Guadeloupe
Martinique
Guyane française
Polynésie française

■ フランス語が公的な地位をもつ国・地域
■ 上記以外でフランス語話者が多い国・地域

Soyons actifs! 2

Maiko IMANAKA   Takeshi CHUJO

HAKUSUISHA

───── 音声ダウンロード ─────

この教科書の音源は白水社ホームページ（www.hakusuisha.
co.jp/download/）からダウンロードすることができます（お
問い合わせ先：text@hakusuisha.co.jp）。

装幀・本文デザイン：岡村 伊都
本文イラスト　　　：ツダ タバサ
音声ナレーション　：Jean-François GRAZIANI　　Léna GIUNTA

はじめに

　この教科書では、フランス語を「アクティヴ」に学びます。つまり、自ら考え、課題達成に向けて助け合い、自分のことを表現する活動を通して、ことばを主体的に学ぶことを目標としています。クラスのメンバーと協働し、自分たちの学びをふりかえりながら、さまざまな活動に参加してください。ことばの使用される社会にも広く目を向け、経験をことばにする力、語りをひきだし伝える力、情報を正しく理解して意見を発信する力を身につけることをめざしましょう。この教科書が、これからの社会を担っていくあなたのガイド役となることを願っています。

2019 年秋　著者

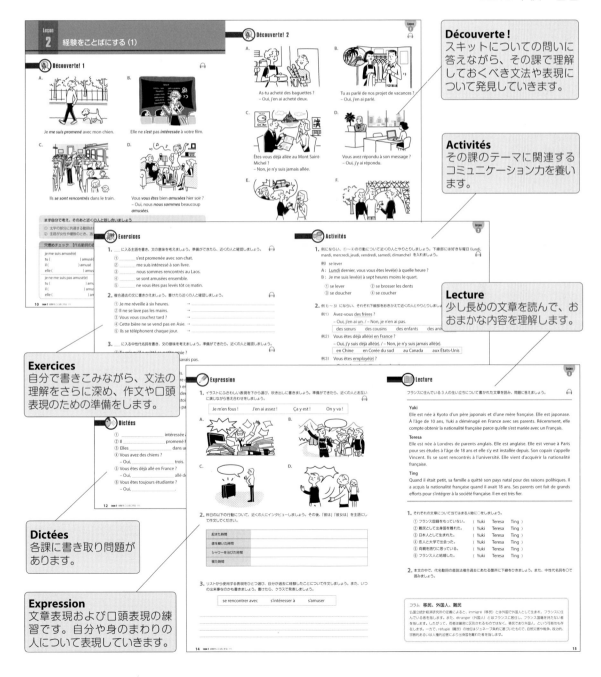

Table des matières

1. ペアの相手に質問しましょう。次に、Il / Elle を主語にしてあなたのペアの相手を別のペアに紹介しましょう。 (001)

① Tu t'appelles comment ?

② Quelle est ta profession ?

③ Tu habites où ?

④ Tu es d'où ?

⑤ Tu as quel âge ?

⑥ Tu as des frères et sœurs ?

⑦ Tu parles quelles langues ?

⑧ Qu'est-ce que tu aimes faire le week-end ?

2. ある学生が自分の家族を紹介しています。文章を読み、表を完成させましょう。（該当するものがない場合は×と書いてください。） (002)

Nous sommes quatre dans ma famille.

Ma mère s'appelle Magali. Elle est de Strasbourg. Elle est fonctionnaire. Elle a 49 ans. Elle parle français et allemand. Elle est petite. Elle a les cheveux courts et bruns.

Mon père s'appelle Raphaël. Il est de Bordeaux. Il est ingénieur. Il a 45 ans. Il parle français et un peu espagnol. Il est très calme et sérieux.

Ma grande sœur s'appelle Inès. Elle travaille dans une banque. Elle parle français et anglais. Elle est grande. Elle est toujours sympathique.

名前	出身	職業	年齢	話せる言語	性格・容姿
マガリ					
ラファエル					
イネス					

3. 2 を参考に、自分の身のまわりの誰かを紹介する文章を書き、クラスで発表しましょう。

4. 下線部を別の目的地に変え、近くの人に道案内をしてみましょう。 003

例) **A** : Excusez-moi, où est le <u>lycée</u> ?

B : <u>Le lycée</u> ? Allez tout droit et prenez la deuxième rue à droite. Le lycée est à votre gauche.

A : Merci beaucoup.

B : Je vous en prie.

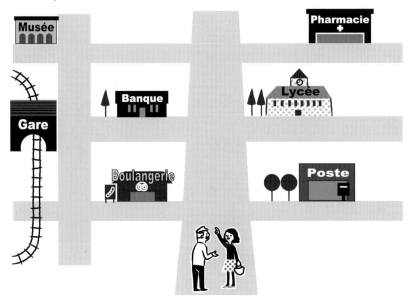

5. 留学先のホストファミリー宛のメールを読み、（　　　）の動詞を適切な形に変えましょう。 004

Madame Martin,

Je me présente : Ryoji Sasaki. Je (① aller) faire un stage linguistique à Grenoble cet été et je (② venir) d'apprendre que vous serez ma famille d'accueil. J'habite à Tokyo et je suis étudiant en troisième année à l'Université Sophia.

En général, je (③ se lever) tôt le matin et je (④ manger) du pain au petit-déjeuner. Je (⑤ partir) de la maison à 8 heures et le soir, je (⑥ rentrer) à 17 heures. Je ne (⑦ boire) pas d'alcool et je (⑧ se coucher) vers 23 heures.

J'attends avec impatience de vous voir à Grenoble.

Cordialement,

Ryoji SASAKI

① (　　　　　　)　② (　　　　　　)　③ (　　　　　　)　④ (　　　　　　)

⑤ (　　　　　　)　⑥ (　　　　　　)　⑦ (　　　　　　)　⑧ (　　　　　　)

6. 5 を参考に、自分の一日の行動を説明する文章を書き、クラスで発表しましょう。

7. きのうそれぞれの行動をとったかどうか、近くの人に尋ねましょう。次に、聞き取った内容を Il / Elle を主語にして作文しましょう。 🎧005

regarder la télé

écouter de la musique

venir à l'université

aller au supermarché

faire du sport

prendre des photos

sortir avec des amis

rentrer tard

8. ヨシがレナの夏休みについて尋ねています。まずひとりで文章を読み、（　　）内の動詞のうち、適切なものを選びましょう。次に、選んだ理由を近くの人と話し合いましょう。 🎧006

Yoshi : Salut Léna ! Tu (es revenue / revenais) de vacances ? (Ça a été / C'était) comment, la Bretagne ?

Léna : Un peu de ciel bleu, puis de la pluie, ensuite du soleil, du vent... Chaque heure, (ça a été / c'était) différent ! Mais heureusement, comme la mer (n'a pas été / n'était pas) trop froide, (j'ai nagé / je nageais) tous les jours. Et (j'ai rencontré / je rencontrais) des gens très sympathiques, venus des Pays-Bas. On (a fait / faisait) une excursion ensemble.

Yoshi : Super ! Je voudrais aussi visiter la France !

9. ペアの相手にインタビューし、答えをメモしましょう。次に、Il / Elle を主語にしてインタビューで聞き取った内容をクラスで発表しましょう。 🎧007

① Le voyage le plus impressionnant de votre vie, c'est où ?

② Vous êtes parti(e) quand ?

③ Pourquoi avez-vous choisi cette destination ?

④ Vous êtes parti(e) avec qui ?

⑤ Comment êtes-vous parti(e)(s) ?

⑥ Combien de temps êtes-vous resté(e)(s) ?

⑦ Qu'est-ce que vous avez fait ?

10. ( ) 内の語を比較級または最上級にして文を完成させましょう。 008

① La France est _____ que l'Allemagne. (grand)

② Le Japon est _____ que la France. (petit)

③ Le mont Fuji est _____ montagne du Japon. (haut)

④ La population est _____ à Osaka qu'à Tokyo. (grand)

⑤ Le Vatican est _____ pays du monde. (petit)

11. 将来、それぞれの行動をとる予定かどうか、単純未来の形を用いて近くの人に尋ねましょう。次に、聞き取った内容を Il / Elle を主語にして作文しましょう。 009

travailler comme professeur

voyager à l'étranger

se marier

avoir des enfants

12. それぞれの項目について、近くの人と交互に発音し、言えるようになったものにチェックをしましょう。

☐	数字 (1〜100)
☐	時刻 (1時〜12時、15分、30分、45分)
☐	曜日 (月曜〜日曜)
☐	月 (1月〜12月)
☐	季節 (春夏秋冬)
☐	天候 (晴れ、雨、曇り、雪、暑い、寒い)

経験をことばにする (1)

Découverte! 1

A.

Je *me suis promené* avec mon chien.

B.

Elle ne *s'est* pas *intéressée* à votre film.

C.

Ils *se sont rencontrés* dans le train.

D.

Vous *vous êtes* bien *amusées* hier soir ?
– Oui, nous *nous sommes* beaucoup *amusées*.

まず自分で考え、そのあと近くの人と話し合いましょう

① 太字の部分に共通する動詞は何ですか。
② 主語が女性や複数のとき、過去分詞の形にはそれぞれどのような特徴がありますか。

穴埋めチェック 【代名動詞の直説法複合過去とその否定文】

je me suis amusé(e)	nous ( ) amusé(e)s
tu ( ) amusé(e)	vous ( ) amusé(e)(s)
il ( ) amusé	ils ( ) amusés
elle ( ) amusée	elles ( ) amusées
je ne me suis pas amusé(e)	nous ( ) amusé(e)s
tu ( ) amusé(e)	vous ( ) amusé(e)(s)
il ( ) amusé	ils ( ) amusés
elle ( ) amusée	elles ( ) amusées

A.

As-tu acheté des baguettes ?
– Oui, j'en ai acheté deux.

B.

Tu as parlé de nos projets de vacances ?
– Oui, j'en ai parlé.

C.

Êtes-vous déjà allée au Mont Saint-Michel ?
– Non, je n'y suis jamais allée.

D.

Vous avez répondu à son message ?
– Oui, j'y ai répondu.

E.

Savez-vous que son mari a eu un accident ?
– Non, je ne le savais pas du tout.

F.

Vous êtes français ?
– Non, nous ne le sommes pas.
Nous sommes québécois.

まず自分で考え、そのあと近くの人と話し合いましょう

① それぞれの文の中にある、en, y, le という単語を○で囲みましょう。また、それぞれの単語は直前の質問文のどの部分を示していますか。下線を引きましょう。

② en, y, le はどのように使い分ければよいか、考えましょう。

穴埋めチェック　【中性代名詞】

フランス語には**中性代名詞**と呼ばれるものがあります。（　　　）は主に de を含む語句、（　　　）は主に à を含むもの／ことや場所を示す語句、（　　　）は句・節・属詞などの意味内容を受けます。

1. _____ に入る主語を書き、文の意味を考えましょう。準備ができたら、近くの人と確認しましょう。　(013)

① _____ s'est promenée avec son chat.

② _____ me suis intéressée à son livre.

③ _____ nous sommes rencontrés au Laos.

④ _____ se sont amusées ensemble.

⑤ _____ ne vous êtes pas levés tôt ce matin.

2. 複合過去の文に書きかえましょう。書けたら近くの人と確認しましょう。　(014)

① Je me réveille à six heures.　　→ _____

② Il ne se lave pas les mains.　　→ _____

③ Vous vous couchez tard ?　　→ _____

④ Cette bière ne se vend pas en Asie. → _____

⑤ Ils se téléphonent chaque jour.　→ _____

3. _____ に入る中性代名詞を書き、文の意味を考えましょう。準備ができたら、近くの人と確認しましょう。　(015)

① Tu sais qu'il a quitté sa petite amie ?

　– C'est pas vrai ! Je ne _____ savais pas.

② Tu penses souvent à ton passé ?

　– Non, je n' _____ pense jamais.

③ Mes grands-parents veulent boire du lait. Moi, j' _____ ai déjà bu.

④ Vous avez déjà travaillé dans son entreprise ?

　– Oui, j' _____ ai travaillé il y a deux ans.

⑤ Vous vous souvenez de cette histoire ?

　– Non, je ne m' _____ souviens pas.

🔊 **Dictées**　(016)

① _____ intéressée à son livre.

② Il _____ promené hier.

③ Elles _____ dans un bar.

④ Vous avez des chiens ?

　– Oui, _____ trois.

⑤ Vous êtes déjà allé en France ?

　– Oui, _____ allé deux fois.

⑥ Vous êtes toujours étudiante ?

　– Oui, _____.

 **Activités**

1. 例にならい、①〜④の行動について近くの人とやりとりしましょう。下線部には好きな曜日 (lundi, mardi, mercredi, jeudi, vendredi, samedi, dimanche) を入れましょう。 017

例) se lever

A : Lundi dernier, vous vous êtes levé(e) à quelle heure ?

B : Je me suis levé(e) à sept heures moins le quart.

① se lever ② se brosser les dents

③ se doucher ④ se coucher

2. 例 1) 〜 3) にならい、それぞれ下線部をおきかえて近くの人とやりとりしましょう。 018

例1) Avez-vous des frères ?

– Oui, j'en ai un. / – Non, je n'en ai pas.

des sœurs   des cousins   des enfants   des animaux

例2) Vous êtes déjà allé(e) en France ?

– Oui, j'y suis déjà allé(e). / – Non, je n'y suis jamais allé(e).

en Chine   en Corée du sud   au Canada   aux États-Unis

例3) Vous êtes employé(e) ?

– Oui, je le suis. / – Non, je ne le suis pas.

étudiant(e)   français(e)   célibataire   heureux / heureuse

3. 対話文を読み、近くの人と文の意味を考えましょう。次に、質問文を使って近くの人とやりとりしましょう。ただし、答えるときは必ず中性代名詞を使ってください。 019

① Faites-vous souvent du sport ?

– Oui, j'*en* fais chaque jour.

② Vous pensez parfois à votre avenir ?

– Non, je n'*y* pense jamais.

③ Vous êtes fatigué(e) ?

– Non, je ne *le* suis pas.

④ Vous vous souvenez de votre enfance ?

– Oui, je m'*en* souviens bien.

⑤ Croyez-vous au destin ?

– Non, je n'*y* crois pas du tout.

⑥ Voulez-vous voyager à l'étranger ?

– Oui, je *le* veux fortement !

Expression

1. イラストにふさわしい表現を下から選び、吹き出しに書きましょう。準備ができたら、近くの人とお互いに演じながら答え合わせをしましょう。

> Je m'en fous !　　　　J'en ai assez !　　　　Ça y est !　　　　On y va !

A.

B.

C.

D.

2. 昨日の以下の行動について、近くの人にインタビューしましょう。その後、「彼は」「彼女は」を主語にして作文してください。

起きた時間	
歯を磨いた時間	
シャワーを浴びた時間	
寝た時間	

3. リストから使用する表現をひとつ選び、自分が過去に経験したことについて作文しましょう。また、いつの出来事なのかも書きましょう。書けたら、クラスで発表しましょう。

> se rencontrer avec　　　　s'intéresser à　　　　s'amuser

....

....

....

....

 **Lecture**

フランスに住んでいる 3 人の生い立ちについて書かれた文章を読み、問題に答えましょう。

Yuki

Elle est née à Kyoto d'un père japonais et d'une mère française. Elle est japonaise. À l'âge de 10 ans, Yuki a déménagé en France avec ses parents. Récemment, elle compte obtenir la nationalité française parce qu'elle s'est mariée avec un Français.

Teresa

Elle est née à Londres de parents anglais. Elle est anglaise. Elle est venue à Paris pour ses études à l'âge de 18 ans et elle s'y est installée depuis. Son copain s'appelle Vincent. Ils se sont rencontrés à l'université. Elle vient d'acquérir la nationalité française.

Ting

Quand il était petit, sa famille a quitté son pays natal pour des raisons politiques. Il a acquis la nationalité française quand il avait 18 ans. Ses parents ont fait de grands efforts pour s'intégrer à la société française. Il en est très fier.

---

1. それぞれの文章について当てはまる人物に○をしましょう。

① フランス国籍をもっていない。　　（ Yuki　　Teresa　　Ting ）
② 難民として出身国を離れた。　　　（ Yuki　　Teresa　　Ting ）
③ 日本人として生まれた。　　　　　（ Yuki　　Teresa　　Ting ）
④ 恋人と大学で出会った。　　　　　（ Yuki　　Teresa　　Ting ）
⑤ 両親を誇りに思っている。　　　　（ Yuki　　Teresa　　Ting ）
⑥ フランス人と結婚した。　　　　　（ Yuki　　Teresa　　Ting ）

2. 本文の中で、代名動詞の直説法複合過去にあたる箇所に下線をひきましょう。また、中性代名詞を○で囲みましょう。

> **コラム　移民、外国人、難民**
>
> 仏国立統計経済研究所の定義によると、immigré（移民）とは外国で外国人として生まれ、フランスに住んでいる者を指します。また、étranger（外国人）とはフランスに居住し、フランス国籍を持たない者を指します。したがって、両者は厳密に区別されるものではなく、移民であり外国人、という可能性も存在します。一方で、réfugié（難民）の地位はジュネーブ条約に基づいたもので、自然災害や戦争、政治的、宗教的あるいは人種的迫害により出身国を離れた者を指します。

Découverte! 1

A.

Elle a trouvé un chat qui dormait dans une boîte.

B.

Il n'aime pas la nouvelle maison que ses parents ont achetée.

C.

Voici la ville où nous sommes nés.

D.

J'ai rencontré une fille dont le père est médecin.

まず自分で考え、そのあと近くの人と話し合いましょう

① 関係代名詞を〇で囲みましょう。それぞれどのように使い分けられていますか。

② B の文の過去分詞の語尾に e がついているのはなぜですか。先行詞に着目して考えましょう。

穴埋めチェック　【関係代名詞】

関係代名詞は、名詞が形容詞節によって後ろから修飾される場合に、先行詞と形容詞節を結びつけるはたらきをします。

（　　　　　）：先行詞が形容詞節の主語となる場合

（　　　　　）：先行詞が形容詞節の直接目的語や属詞となる場合

（　　　　　）：先行詞が場所・時を表す場合

（　　　　　）：先行詞と形容詞節が前置詞 de によって結ばれる場合

　　　　※ただし先行詞が場所・時の場合は d'où を用います。

Découverte! 2

A.

C'est Gaspard qui m'a donné cette photo.

B.

C'est cette photo que Gaspard m'a donnée.

C.

J'ai rencontré Lucie rentrant de l'université.

D.

J'ai rencontré Lucie en rentrant de l'université.

まず自分で考え、そのあと近くの人と話し合いましょう

① ＡとＢの文の意味にはどのような違いがありますか。イラストを参考に考えましょう。

② ＣとＤの文の意味にはどのような違いがありますか。イラストを参考に考えましょう。

穴埋めチェック 【強調構文 / 現在分詞 / ジェロンディフ】

強調構文は、文の要素の一部を強調したいときに用います。

主語を強調したいとき：C'est ＋ 主語 ＋ (　　　　) 〜

主語以外の要素を強調したいとき：C'est ＋ 主語以外の要素 ＋ (　　　) 〜

- - - - - -

現在分詞を用いることで、複文を単文に変えることができます。形容詞的に用いる場合、直前の語を修飾します。原則として直説法半過去と同じ語幹に、-ant をつけます。

例外：avoir → ayant　savoir → sachant

- - - - - -

ジェロンディフは、〈 (　　　) ＋現在分詞〉の形をとります。上記 D のように副詞的にはたらき、同時性・手段・条件・対立などを表します。

1. ＿＿＿＿＿＿ に入る関係代名詞を書き、文の意味を考えましょう。準備ができたら、近くの人と確認しましょう。 (024)

① Voici le restaurant ＿＿＿＿＿ nous avons dîné ensemble.

② La dame ＿＿＿＿＿ vous cherchez n'est plus ici.

③ En rentrant de l'université, j'ai croisé le garçon ＿＿＿＿＿ tu parles.

④ Le jour ＿＿＿＿＿ elle est née était un dimanche.

⑤ Jean-Paul Sartre est l'une des personnalités ＿＿＿＿＿ ont refusé le Prix Nobel.

⑥ Je connais quelqu'un ＿＿＿＿＿ les parents habitent au Congo.

2. 下線部を強調する文になるよう、続きを書きましょう。準備ができたら、近くの人と確認しましょう。 (025)

① J'adore ce restaurant coréen.

→ C'est ce restaurant coréen ＿＿＿＿＿＿＿＿＿＿ .

② Nous nous sommes rencontrés à Strasbourg.

→ C'est à Strasbourg ＿＿＿＿＿＿＿＿＿＿ .

③ Cette église a été construite au XVe siècle.

→ C'est au XVe siècle ＿＿＿＿＿＿＿＿＿＿ .

④ Il m'a donné des conseils.

→ C'est lui ＿＿＿＿＿＿＿＿＿＿ .

3. 下線部をジェロンディフを用いた表現に変えましょう。準備ができたら、近くの人と確認しましょう。 (026)

① J'ai appris la nouvelle quand je suis arrivée au bureau.

→ ＿＿＿＿＿＿＿＿＿＿＿＿＿＿

② Tu ne dois pas téléphoner et conduire en même temps.

→ ＿＿＿＿＿＿＿＿＿＿＿＿＿＿

③ Si vous étudiez plus, vous ferez des progrès.

→ ＿＿＿＿＿＿＿＿＿＿＿＿＿＿

④ Quand j'ai fait un régime, j'ai perdu cinq kilos.

→ ＿＿＿＿＿＿＿＿＿＿＿＿＿＿

Dictées (027)

① J'aimerais visiter une ville ＿＿＿＿＿＿＿＿ peut bien manger.

② J'ai un ami ＿＿＿＿＿＿＿ est acteur.

③ C'est ma sœur ＿＿＿＿＿＿＿ donné ce cadeau.

④ C'est cet appartement ＿＿＿＿＿＿＿ acheté l'année dernière.

⑤ J'ai fait la cuisine ＿＿＿＿＿＿＿ la radio.

⑥ J'ai vu mon frère ＿＿＿＿＿＿＿ l'école.

 **Activités**

1. 対話文を読み、近くの人と文の意味を考えましょう。次に、質問文を使って近くの人とやりとりしましょう。

> Présentez un ami ou une amie qui s'entendait bien avec vous dans votre enfance.

> Elle s'appelle Masako. Elle habitait à Nagoya. Elle aimait le rock.

> Quel est l'endroit le plus impressionnant que vous avez visité ?

> C'est la cathédrale Notre-Dame de Paris.

> Quelle est la ville où vous êtes né ?

> Je suis né à Séoul.

> Présentez le collège dont vous êtes sorti.

> C'est le collège Raymond-Queneau. Il se trouve à Paris. C'est un collège municipal.

2. まず、それぞれ何についてのやりとりか、近くの人と話し合い、対話になるよう A と B の文を結びましょう。次に、ペアで会話を演じてみましょう。

A

C'est Sylvain qui habite
      à côté de l'université ? ·

Je vous invite. ·

Merci beaucoup ! ·

Je suis vraiment désolé. ·

B

· Mais non ! C'est moi qui vous remercie.

· Non. C'est moi qui vous demande pardon.

· Non. C'est elle qui habite à côté d'ici.

· Mais non ! C'est moi qui vous invite ce soir.

3. ①〜③の質問文を使って、近くの人とやりとりしましょう。

① Vous écoutez de la musique en venant à l'université ?

② Vous prenez les repas en regardant la télé ?

③ En rentrant chez vous, vous faites souvent les courses ?

Expression

1. まず文章を読み、意味を考えてください。次に下線部を書きかえ、自分の子ども時代について関係代名詞を使って作文し、グループで発表しましょう。 (031)

J'habitais à Saitama. C'est la ville <u>où mon père est né</u>. Nous habitions dans <u>une maison qui se trouvait à côté d'une rivière</u>. À Saitama, je sortais souvent avec <u>une amie dont la mère était actrice</u>. C'était <u>une fille qui était toujours gentille avec moi</u>.

2. 例を参考に、イラストを組み合わせて作文しましょう。

例)

faire mes devoirs + boire du thé = *Je fais mes devoirs en buvant du thé.*

A

prendre le dîner + regarder la télé = ⋯⋯⋯⋯⋯⋯⋯⋯⋯⋯⋯⋯⋯⋯⋯⋯⋯⋯⋯⋯⋯⋯⋯

B

venir à l'université + écouter de la musique = ⋯⋯⋯⋯⋯⋯⋯⋯⋯⋯⋯⋯⋯⋯⋯⋯⋯⋯⋯⋯⋯⋯⋯

C

jouer de la guitare + chanter = ⋯⋯⋯⋯⋯⋯⋯⋯⋯⋯⋯⋯⋯⋯⋯⋯⋯⋯⋯⋯⋯⋯⋯

3. 例を参考に、昨日近くの人がしたことについてジェロンディフを使って作文し、クラスで発表しましょう。

例) Hier, il a mangé en lisant le journal.

⋯⋯

⋯⋯

 **Lecture**

フランス語に由来する日本語について書かれた文章を読み、問題に答えましょう。 (033)

On voit beaucoup de mots japonais d'origine française. Par exemple, nous achetons du pain à la boulangerie et des macarons à la pâtisserie. Nous buvons du café au lait en mangeant du gâteau au chocolat. Et nous allons au restaurant quand nous sortons avec des amis.

Ce n'est pas seulement le monde de la cuisine qui a adopté des mots français. Regardez autour de vous. Avez-vous un crayon pour prendre des notes ? Vous prenez le métro en venant à l'université ? Vous connaissez le Tour de France ? C'est un grand prix cycliste.

Cherchons ensemble des mots japonais venant du français !

1. 表に書かれた日本語に対応する単語を探し、右の欄に書き入れましょう。

アンサンブル	
カフェオレ	
グランプリ	
クレヨン	
ショコラ	
パン	
マカロン	
メトロ	
レストラン	

2. 本文の中で、強調構文の形になっている文に下線をひきましょう。また、現在分詞を〇で囲みましょう。

コラム　**日本語になったフランス語**

フランス語から日本語への借用は様々な分野で見られますが、とくに料理や食品の語彙が私たちの身近にあると言えます。カフェやグルメ、パン、ピーマンなどは、フランス語に由来する単語とは知らずに使っている人もいるかもしれません。一方で、元々の意味とは異なる言葉も存在します。例えば、crayon は鉛筆を表しますし、encore は、日本のコンサートでの「アンコール」の場面では使えません。また、発音に注意しなければならないのはミルフィーユ（millefeuille）です。フランス語での実際の発音を調べてみましょう。

21

他者のことばをひきだす

Découverte! 1

034

A.

S'il fait beau demain, tu sortiras avec nous ?

B.

Si vous étiez très riche, achèteriez-vous cette villa ?

C.

Je voudrais vous poser des questions.

D.

Pourriez-vous me raconter votre histoire d'amour ?

まず自分で考え、そのあと近くの人と話し合いましょう

① ＡとＢの文の４つの動詞の時制は、それぞれ何ですか。

② Ｂの文では現在の事実に反する仮定について書かれており、文の後半には**条件法現在**と呼ばれる動詞の形が用いられています。Ｂ～Ｄの文の動詞の中で、条件法現在の形だと思うものをすべて〇で囲みましょう。

穴埋めチェック 【条件法現在】
035

条件法現在は、〈単純未来の語幹＋ r ＋半過去の活用語尾〉という形をとり、事実に反する仮定や婉曲表現、過去における未来を表す際などに用いられます。

j' ( )	nous aimerions
tu aimerais	vous ( )
il aimerait	ils ( )
elle ( )	elles aimeraient

A.

Lequel de ces acteurs préfères-tu ?

B.

Laquelle de vos filles a étudié en France ?

C.

Auquel de tes amis as-tu téléphoné ?

D.

Duquel de ces dictionnaires avez-vous besoin ?

E.

À qui penses-tu ?

F.

De quoi parlez-vous ?

まず自分で考え、そのあと近くの人と話し合いましょう

① ＡとＢのひとつめの単語の形が違うのはなぜですか。

② ＣとＤは疑問代名詞 lequel がそれぞれどのような前置詞と一緒になったものですか。

③ ＥとＦで疑問代名詞の前に à や de がついているのはなぜですか。

穴埋めチェック 【疑問代名詞 lequel / 前置詞＋疑問代名詞】

	男性単数	女性単数	男性複数	女性複数
主格 / 直接目的格	( )	( )	lesquels	lesquelles
à がつく場合	( )	à laquelle	auxquels	auxquelles
de がつく場合	( )	de laquelle	desquels	desquelles

前置詞＋	人	qui
	もの・こと	( )

※疑問代名詞 lequel は前置詞を伴う関係代名詞としても用いられます。

Exercices

1. (　　) の動詞を条件法現在の形に書きかえ、文の意味を考えましょう。準備ができたら、近くの人と確認しましょう。 (038)

① Si j'avais le temps, je ＿＿＿＿＿＿＿ en voyage. (partir)

② Sans votre aide, ils ne ＿＿＿＿＿＿＿ pas. (se débrouiller)

③ Même si elle venait me demander pardon, je la ＿＿＿＿＿＿＿. (quitter)

④ Si vous étiez à ma place, qu'est-ce que vous ＿＿＿＿＿＿＿. (faire) ?

2. 次の文をより丁寧な表現に書きかえるとき、＿＿＿ に入る表現を条件法現在の形を用いて書きましょう。準備ができたら、近くの人と確認しましょう。 (039)

① Je veux prendre encore un peu de café.

→ ＿＿＿＿＿＿＿ prendre encore un peu de café.

② Nous voulons avoir un conseil.

→ ＿＿＿＿＿＿＿ avoir un conseil.

③ Pouvez-vous répondre aux questions ?

→ ＿＿＿＿＿＿＿ répondre aux questions ?

④ Peux-tu me téléphoner ce soir ?

→ ＿＿＿＿＿＿＿ me téléphoner ce soir ?

3. ＿＿＿ に入る単語を選択肢から選んで書き、文の意味を考えましょう。準備ができたら、近くの人と確認しましょう。 (040)

> lequel　　　laquelle　　　auquel　　　auxquelles

① Le professeur ＿＿＿＿＿ j'ai écrit ne m'a toujours pas contacté.

② Vous connaissez la raison pour ＿＿＿＿＿ ils ont déménagé ?

③ ＿＿＿＿＿ préfères-tu, le fromage ou le dessert ?

④ Il y a deux lettres ＿＿＿＿＿ nous devons absolument répondre aujourd'hui.

Dictées (041)

① ＿＿＿＿＿＿＿ me répondre aujourd'hui ?

② ＿＿＿＿＿＿＿ visiter le Japon.

③ Si j'avais de l'argent, ＿＿＿＿＿＿＿ en voyage.

④ ＿＿＿＿＿＿＿ ces actrices préfères-tu ?

⑤ ＿＿＿＿＿＿＿ ces pays avez-vous parlé ?

⑥ ＿＿＿＿＿＿＿ pensez-vous ?

 **Activités**

1. ①～④の質問文を使って、近くの人とやりとりしましょう。

① Lequel des films du Studio Ghibli préfères-tu ?

② Lequel de tes copains est ton meilleur ami ?

　 Laquelle de tes copines est ta meilleure amie ?

③ Lequel de ces cours préfères-tu, la musique, l'histoire ou les mathématiques ?

④ Laquelle de ces langues aimerais-tu apprendre, l'espagnol, le portugais ou le russe ?

2. 例にならい、自分が将来なりたいものとその理由について書いたあと、近くの人とやりとりしましょう。

例) **A** : Qu'est-ce que vous voudriez faire dans l'avenir ?

　 B : Je voudrais devenir fonctionnaire.

　 A : Pourquoi ?

　 B : Parce que c'est un emploi stable. Et vous ?

　 A : Moi, je voudrais devenir infirmier, parce qu'il en manque au Japon.

将来なりたいもの ....

その理由 ....

3. 下記の質問について近くの人にインタビューし、相手の答えを書きとってください。次に、お互いに添削してください。

① Si vous aviez beaucoup d'argent, qu'achèteriez-vous ?

....

② Si vous aviez plus de temps libre, que feriez-vous ?

....

③ Si vous étiez le Premier ministre, que changeriez-vous ?

....

 **Expression**

1. ペアの相手にインタビューし、聞き取った内容を Il / Elle を主語にして作文しましょう。　(045)

Lequel de ces métiers choisirais-tu pour ton avenir, peintre, écrivain ou musicien ?
Pourquoi ?

....

....

....

....

Laquelle de ces destinations choisirais-tu pour tes vacances, l'Europe, l'Afrique ou
l'Asie ? Pourquoi ?

....

....

....

....

2. 例にならい、下記の円グラフの情報を説明する文章を 3 つずつ書きましょう。

例) Si le monde était un village de 100 habitants...
20 souffriraient de malnutrition, 1 serait en train de mourir de faim, 15 seraient
suralimentés.　(046)

Population

autres 1
européens 12
américains du Nord,
Centre et Sud 13
africains 13
asiatiques 61

Si le monde était un village de 100 habitants...

....

....

....

Langues

chinois 17
anglais 9
hindi et urdu 8
espagnol 6
russe 6
arabe 4
autres 50

Si le monde était un village de 100 habitants...

....

....

....

 **Lecture**

フランスにおけるマンガの受容について書かれた文章を読み、問題に答えましょう。 (047)

Depuis les années 2000, les ventes de mangas occupent une place de plus en plus importante en France sur le marché face aux bandes dessinées françaises et belges. Des festivals et des expositions sont organisés, notamment la Japan Expo, qui attire plus de 200 000 personnes.

Le manga japonais connaît un grand succès surtout après l'apparition de *Death Note, Hunter X Hunter, Naruto, Yu-Gi-Oh !,* etc. Les mangas participent pour la première fois au Festival international de la bande dessinée d'Angoulême en 2003 et le manga *Quartier Lointain* gagne même un prix pour son scénario.

L'influence des mangas ne s'arrêterait pas là, car des jeux venant de séries ont été introduits comme les cartes Pokémon. Aujourd'hui, la plupart des étudiants en japonologie sont là parce qu'ils ont lu des mangas japonais dans leur petite enfance.

1. ①〜④の内容が本文に合っているかどうか、○か×で答えてください。 (048)

① Le manga japonais devient de plus en plus connu en France. (　　)

② La Japan Expo accueille environ deux milliers de personnes. (　　)

③ Le manga japonais n'a jamais gagné de prix à Angoulême. (　　)

④ Le manga japonais incite des jeunes à étudier la japonologie. (　　)

2. 以下の作品の日本語のタイトルを調べ、表を完成させましょう。

仏語タイトル	日本語タイトル
Quartier Lointain	『遥かな町へ』
Détective Conan	
Les Vacances de Jésus et Bouddha	
Les Gouttes de Dieu	
L'Attaque des Titans	『進撃の巨人』

3. 本文の中で、条件法現在の形になっている動詞に下線をひきましょう。

コラム　バンドデシネ

フランスやベルギーを中心とするフランス語圏では、マンガは BD (bande déssinée) とよばれています。フランスで「9 番目の芸術」に位置づけられている BD は、サイズ、カラー、作風、制作体制など、様々な面でマンガとは異なります。近年は日本でも BD を扱う書店が増えているので、一度手にとってみましょう。日本でもっとも知られている BD のひとつに、ベルギー発の『タンタン』シリーズがあります。

Découverte! 1 🎧 049

A.

Mélangez ces trois ingrédients.
Ne laissez pas cuire
plus de 10 secondes.

B.

Veuillez trouver
ci-joint une
invitation pour la
soirée.
Soyez nombreux!

C.

Ne vous arrêtez pas ici et dépêchez-
vous ! Allons-y !

D.

Assieds-toi et mange les épinards ! Ne
touche pas ton smartphone à table !

まず自分で考え、そのあと近くの人と話し合いましょう

① 命令形にあたる動詞をすべて〇で囲みましょう。

② それぞれの命令文は tu に呼びかけているもの、nous に呼びかけているもの、vous に呼びかけているものに分類することができます。分類したあと、それぞれどのように訳せばよいか考えましょう。

穴埋めチェック　【命令法】 🎧 050

① 命令法は呼びかける相手に応じて、直説法現在の「tu ～」「nous ～」「vous ～」から主語を除いた形をとります。ただし tu に対する命令形の場合、- er 動詞と ouvrir 型（couvrir, offrir など）の動詞では語尾 -s を除いた形となります。例：(　　　　　　)！/ Mangeons ! / Mangez !

② 特殊な命令形をもつ動詞もあります。例：être → sois - soyons - (　　　　　) / avoir → aie – ayons - ayez / savoir → sache – sachons - sachez / vouloir → veuille – veuillons - (　　　　　　)

③ 否定命令の場合は、動詞が ne と pas ではさまれ、禁止の意味となります。例：(　　　) touche (　　　)！

④ 代名動詞の場合は、再帰代名詞を動詞の後ろに置き、トレ・デュニオンでつなぎます。否定の場合は、再帰代名詞を動詞の前に置きます。例：Arrêtez- (　　　　)！/ Ne (　　　　) arrêtez pas !

A Découverte! 2

A.

Vous êtes déjà allés en Russie ?
– Non, nous n'y sommes jamais allés.

B.

Tu fumes toujours ?
– Mais non, je ne fume plus.

C.

Y aura-t-il quelqu'un ce week-end ?
– Non, il n'y aura personne au bureau.

D.

Pourquoi ton chat est-il si maigre ?
– Parce qu'il n'a rien mangé pendant une semaine.

E.

Quand votre nièce a publié son premier livre, elle avait quel âge ?
– Elle n'avait que 17 ans.

F.

Vous les avez déjà contactés pour le mois prochain ?
– Non, excusez-moi, je n'ai encore contacté ni le mannequin ni le photographe.

まず自分で考え、そのあと近くの人と話し合いましょう

① 時制の復習です。動詞をすべて○で囲み、それぞれの動詞がどの時制になっているか考えましょう。

② 下記の表に対応するさまざまな否定表現を探し、文中の該当する箇所に下線を引きましょう。

穴埋めチェック 【さまざまな否定表現】 (052)

ne .... ( )	何も…ない		ne .... ( )	誰も…ない
ne .... ( )	もはや…ない		ne .... ( )	決して / 一度も…ない
ne .... ( )	～しか…ない		ne .... ( ) A ( ) B	A も B も…ない
ne .... guère	ほとんど…ない		ne .... point	全く…ない
aucun	どんな…もない		nul	いかなる人 / ものも…ない

Exercices

1. 命令形の文に書きかえましょう。準備ができたら、近くの人と確認しましょう。 (053)

① Tu finis ton travail. → ....

② Nous dansons toute la nuit. → ....

③ Vous êtes prudents. → ....

④ Nous avons du courage. → ....

⑤ Tu te lèves tôt. → ....

2. 否定命令形の文に書きかえましょう。書けたら近くの人と確認しましょう。 (054)

① Parlez vite. → ....

② Lave-toi les cheveux. → ....

③ Couchons-nous avant minuit. → ....

3. ....に入る単語を選択肢から選んで書き、文の意味を考えましょう。準備ができたら、近くの人と確認しましょう。 (055)

| jamais | plus | personne | rien | qu' |

① Il n'y a .... d'intéressant dans ce journal.

② Mes grands-parents n'ont .... eu de passeport.

③ .... n'est venu me voir pendant que j'étais à l'hôpital.

④ L'homme n'est .... un roseau.

⑤ Ma tante était une chanteuse célèbre mais elle ne chante .... maintenant.

Dictées

(056)

① .... plus de 5 minutes.

② .... actifs dans la classe !

③ .... – toi !

④ Je ne connais ....

⑤ Vous .... allé en France ?

⑥ Mon frère .... 500 yens.

 **Activités**

1. 自分が A 〜 D の状況にあると想定し、例にならって近くの人に伝えてみましょう。　(057)

例）Vous avez besoin d'un crayon. (prêter)

　　→ Prête-moi un crayon, s'il te plaît.

　A : Vous avez besoin d'un stylo rouge. (prêter)

　B : Vous avez besoin d'une feuille. (donner)

　C : Vous voulez voir une photo de sa famille. (montrer)

　D : Vous voulez savoir le nom de sa ville natale. (dire)

2. イラストに合った命令法の文を選び、近くの人と確認しながら発音しましょう。　(058)

Faites comme chez vous.	Soyez à l'heure.
Prenez soin de vous.	Ne fumez pas.
Asseyez-vous, je vous en prie.	Éteignez votre portable.

A.

B.

C.

D.

E.

F.

3. 　A 〜 E の質問を用いて、近くの人と会話をしましょう。もし否定で答える場合は、[　　]内の表現を用いてください。　(059)

　A : Ce matin, tu as mangé quelque chose ?　　[ne ... rien]

　B : Tu es débutant(e) en français ?　　　　　　[ne ... plus]

　C : Tu es déjà allé(e) en Belgique ?　　　　　　[ne ... jamais]

　D : Maintenant, il y a quelqu'un chez toi ?　　[ne ... personne]

　E : Tu as des amis francophones ?　　　　　　　[ne ... aucun 〜]

1. まず、3人以上のグループになり、全員で下記の表現の意味と発音を確認してください。次に、誰かひとりがそれぞれの表現をランダムに使い、残りのメンバーに実際に動いてもらいましょう。役割を交代して何度もやってみましょう。 (060)

Levez-vous !	Levez la main droite !	Levez la main gauche !
Retournez-vous !	Regardez en haut !	Regardez en bas !
Fermez les yeux !	Ouvrez les yeux !	Chantez !
Dansez !	Souriez !	Asseyez-vous !

2. パリの地下鉄の路線図です。例にならい、①と②の経路について、近くの人と説明し合いましょう。 (061)

例）経路：Opéra 駅から Bastille 駅まで

D'abord, prenez le métro à la station *Opéra*. Puis prenez la ligne 7 et allez jusqu'à la station *Palais Royal Musée du Louvre*. C'est la correspondance. Ensuite, prenez la ligne 1, direction *Château de Vincennes*. Enfin, descendez à la station *Bastille*.

① St-Michel Notre-Dame 駅から Champs-Elysées Clemenceau 駅まで

② Bastille 駅から Champs de Mars Tour Eiffel 駅まで

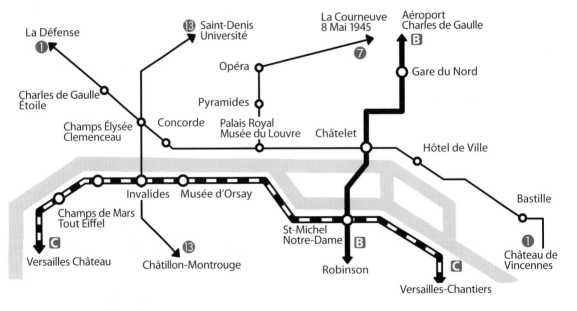

3. 例にならい、この課で習った否定表現を使って自分の予定を書き、クラスで発表しましょう。その際、選択肢にある表現も使いましょう。 (062)

例）Je ne sortirai jamais *ce week-end*, parce que j'aurai un examen lundi.
Je n'achèterai plus de vêtements *ce mois-ci*, parce que je ne veux pas dépenser trop d'argent.

ce week-end	....
ce mois-ci	....
cette année	....
l'année prochaine	....

 **Lecture**

クレープはフランスの伝統料理のひとつです。材料とレシピを読みとり、問題に答えましょう。　🎧063

La recette de la crêpe

Ingrédients (pour 24 crêpes)

250 g de farine, 4 œufs, un demi-litre de lait, 2 cuillères à soupe de beurre ou 2 cuillères à soupe d'huile, 1 demi-cuillère à café de sel fin

---

1. 必要な材料を表にまとめましょう。

Ingrédients	Quantité
（　　　　）	250 グラム
（　　　　）	4 個
牛乳	（　　　）リットル
（　　　）または（　　　　）	大さじ２杯
精製塩	（　　　）さじ（　　　）杯

2. 調理の順番になるよう、A〜Fの文を並べ替えましょう。　🎧064

Préparation

C → (　　　　) → D → (　　　　) → (　　　　)

A : Ajoutez-y les œufs et mélangez rapidement.

B : Beurrez la poêle et à l'aide d'une petite louche, versez-y la pâte.

C : Dans un saladier, versez la farine et le sel.

D : Versez le lait, mélangez-le avec une cuillère en bois et laissez reposer un peu.

E : Faites cuire la crêpe pendant 1 minute de chaque côté en la retournant avec une spatule.

3. 上記 2 の文章の中で、命令法の形になっている動詞を〇で囲みましょう。

4. クラスのメンバーとクレープを作ってみましょう。

> ### コラム　クレープの日
>
> フランスやベルギー、スイスの一部では、毎年２月２日の la Chandeleur（聖マリアの御潔めの祝日）にクレープを食べる習慣があります。chandeleur の語源は「ろうそく」。ろうそくを捧げ持つ行進がおこなわれていたこの日が「クレープの日」になったのは、クレープの形と色が太陽をイメージさせ、光の再来、すなわち春の訪れを示すから。左手にコインを握りながらクレープを焼き、うまくひっくり返すことができたら、その年は幸運に恵まれるのだそうです。

Découverte! 1 〔065〕

A.

Quand il est rentré à la maison, elle était déjà partie.

B.

Quand vous avez commencé ce travail, vous aviez déjà terminé vos études ?

C.

Mes parents ont vendu l'appartement qu'ils avaient acheté en 2018.

D.

Il m'a rendu la clef que je lui avais prêtée.

まず自分で考え、そのあと近くの人と話し合いましょう

① それぞれの文で、過去のある時点までの経験やその時点までに完了している行動を表すふたつの動詞に下線を引きましょう。

② 下線を引いたうち、ひとつめの動詞はどの時制の形になっていますか。

③ 下線を引いたうち、A と D ではふたつめの動詞の語尾に e がついています。その理由をそれぞれ説明しましょう。

穴埋めチェック 【直説法大過去】 〔066〕

j'avais eu	nous (	) eu	j'étais allé(e)	nous (	) allé(e)s
tu (	) eu	vous (	) eu	tu (	) allé(e)	vous (	) allé(e)(s)
il (	) eu	ils (	) eu	il (	) allé	ils (	) allés
elle (	) eu	elles (	) eu	elle (	) allée	elles (	) allées

 Découverte! 2

A.

Il a dit que l'actrice lui avait téléphoné à trois heures du matin.

B.

Le professeur a dit aux étudiants de ne pas sortir de la classe.

C.

Elle m'a demandé si je viendrais *le lendemain*.

D.

Je leur ai demandé pourquoi ils étaient occupés *ce jour-là*.

E.

Ma mère m'a demandé ce que j'avais pris au déjeuner.

F.

Il nous a demandé ce qui s'était passé *la veille*.

まず自分で考え、そのあと近くの人と話し合いましょう

① それぞれの文で主節と従属節（または不定詞）をつなぐ役割をしている語句に〇をつけましょう。

② 太字で示した語句は hier, aujourd'hui, demain のいずれかの単語を主節の時制に合わせて言いかえたものです。それぞれどの単語に対応しますか。

穴埋めチェック 【間接話法】

人が言ったことを伝えるには、文言をそのまま伝える**直接話法**と、伝える人が自分のことばに置きかえて伝える**間接話法**があります。間接話法の場合、時制、副詞、代名詞もそれぞれ変わることに注意が必要です。

① 平叙文：従属節は（　　　　）によって導かれる。

② 命令文：従属節は（　　　　）＋不定詞となる。否定命令文の場合は（　　　　）＋ ne pas ＋不定詞となる。

③ 疑問文：(1) 疑問詞を用いない場合、従属節は（　　　　）によって導かれる。(2) 疑問詞を用いる場合、従属節は qu'est-ce qui のときは（　　　　　）、qu'est-ce que / que のときは（　　　　）によって導かれる。それ以外は疑問詞をそのまま用いる。

Exercices

1. （　）の動詞を大過去の形に書きかえましょう。準備ができたら、近くの人と確認しましょう。 (068)

① Quand nous sommes arrivés à la gare, le train ＿＿＿＿＿＿＿＿＿＿＿. (partir)

② Quand je me suis levée, mon mari ＿＿＿＿＿＿＿＿ le petit-déjeuner. (préparer)

③ J'ai perdu le stylo que ma mère m' ＿＿＿＿＿＿＿＿. (acheter)

④ Il a répondu à la lettre que je lui ＿＿＿＿＿＿＿ l'année dernière. (écrire)

2. 直接話法の文を間接話法の文に書きかえるとき、主節が過去であれば時制の照応に気をつける必要があります。前のページを参考に、表を完成させましょう。

	直接話法	間接話法
主節が過去	直説法現在	（　　　　　　　）
	直説法複合過去	直説法大過去
	（　　　　　　　）	条件法現在

3. 次のセリフを使った間接話法の文を完成させましょう。準備ができたら、近くの人と確認しましょう。(069)

① « Je suis dans le train. »　　　→ Il a dit ＿＿＿＿＿＿＿＿＿＿.

② « J'ai signé le contrat. »　　　→ Elle a dit ＿＿＿＿＿＿＿＿＿.

③ « Je te rappellerai plus tard. » → Il a dit ＿＿＿＿＿＿＿＿＿.

④ « Revenez lundi prochain. »　→ Elle a dit ＿＿＿＿＿＿＿＿＿.

4. 次のセリフを使った間接話法の文を書くとき、＿＿＿＿に入る語句を書きましょう。準備ができたら、近くの人と確認しましょう。 (070)

① « Il y a beaucoup de monde aujourd'hui ? »

→ Il m'a demandé ＿＿＿＿＿ il y avait beaucoup de monde ＿＿＿＿＿.

② « Qu'est-ce que tu as fait hier ? »

→ Il m'a demandé ＿＿＿＿ j'avais fait ＿＿＿＿.

③ « Qui seront présents demain ? »

→ Il m'a demandé ＿＿＿＿ seraient présents ＿＿＿＿.

④ « Quand est-ce que vous avez réservé la chambre ? »

→ Il m'a demandé ＿＿＿＿ nous avions réservé la chambre.

Dictées

(071)

① Quand je suis rentrée à la maison, il ＿＿＿＿＿＿＿＿＿＿＿.

② Il m'a rendu le stylo que je lui ＿＿＿＿＿＿＿＿.

③ Il a dit ＿＿＿＿＿＿＿＿＿＿ lui avait téléphoné.

④ Le professeur a dit aux étudiants ＿＿＿＿＿＿＿＿＿＿ dans la classe.

⑤ Elle m'a demandé ＿＿＿＿＿＿＿＿ pris au dîner.

⑥ Ils ont demandé ＿＿＿＿＿＿＿＿ le lendemain.

 **Activités**

1. まず、①～③のやりとりの内容を近くの人と確認してください。次に、全員で音読しましょう。最後に、質問文を使って近くの人とやりとりしましょう。

① – Quand vous êtes rentré(e) hier, vous aviez déjà pris le dîner ?
– Non, je ne l'avais pas encore pris.

② – Quand vous êtes entré(e) à l'université, vous aviez déjà étudié le français ?
– Oui, je l'avais étudié au lycée.

③ – Vous saviez que le français avait été utilisé à la cour d'Angleterre ?
– Non, je ne le savais pas du tout.

2. ひとつめの会話文を読み、例にならってもとの会話を再現しましょう。

例) **Gabriel** : Qu'est-ce qui est arrivé à Jeanne le week-end dernier ?
Martin : Elle m'a dit qu'elle avait manqué le dernier train.

Qu'est-ce qui est arrivé le week-end dernier ?

J'ai manqué le dernier train...

Martin

Jeanne

① **Martin** : Qu'est-ce que Gabriel a pris hier au dîner ?
Jeanne : Il m'a dit qu'il avait pris du couscous.

Jeanne

Gabriel

② **Gabriel** : Pourquoi Martin est occupé aujourd'hui ?
Jeanne : Il m'a dit que c'était parce qu'il avait beaucoup de rendez-vous.

Jeanne

Martin

③ **Jeanne** : Est-ce que Gabriel viendra à l'université demain ?
Martin : Oui. Il m'a dit qu'il viendrait.

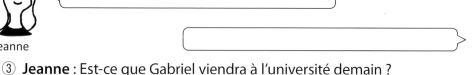

Martin

Gabriel

Expression

1. ①〜③の質問を近くの人に尋ね、相手の答えをまとめてください。文章をお互いに添削したら、その内容を別のペアに紹介しましょう。 **(074)**

① *Quand tu as commencé tes études, tu utilisais déjà l'ordinateur ?*

Il / Elle m'a dit qu'_____.

② *Qu'est-ce que tu as fait le week-end dernier ?*

Il / Elle m'a dit qu'_____.

③ *Qu'est-ce que tu feras pendant les vacances ?*

Il / Elle m'a dit qu'_____.

2. 下の命令文を参考に、近くの人が過去に言われたことのある / よく言われていた言葉について作文してください。文章をお互いに添削したら、その内容を別のペアに紹介しましょう。 **(075)**

« Sois sage ! »	« Travaille bien ! »	« Finis ton assiette ! »
« Ne parlez pas fort ! »	« N'arrivez pas en retard ! »	
« Ne dormez pas en classe ! »		« Éteignez votre portable ! »

例) Son professeur de lycée lui a dit de ne pas dormir en classe.
   Quand il était petit, sa mère lui disait souvent d'être sage.

_____

_____

_____

3. 次回の授業までに、新聞・雑誌・本・論文などで未来のことについて書かれた情報を探し、その内容を例にならってまとめましょう。授業では、まず近くの人と文章を添削し合い、その後クラスで発表しましょう。 **(076)**

例) **J'ai lu dans un journal** [**un magazine** / **un livre** / **un article**] **qu**'il y aurait environ 700 millions de francophones dans le monde en 2050 **et que** 85% des francophones pourraient se trouver en Afrique.

_____

_____

_____

_____

_____

Lecture

フランスの外国人観光客について書かれた文を読み、問題に答えましょう。 (077)

En 2016, la France a été la première destination touristique mondiale où le nombre de touristes étrangers s'était élevé de plus de 3 % avec une augmentation de 17 % des visas délivrés. Les Anglais ont été en première place. Les touristes étrangers ont du pouvoir d'achat. 660 euros, c'est le budget moyen d'un touriste étranger en France. Outre les britanniques, il y a aussi les Chinois, les Indiens ou les voyageurs du Moyen-Orient. Le patrimoine mondial les attire particulièrement. La tour Eiffel, le Louvre, le Mont Saint-Michel sont très animés toute l'année. En Alsace, les Allemands représentent un tiers des touristes et ce qu'ils apprécient en France, ce serait la convivialité. En 2019, le ministère de l'Europe et des Affaires étrangères a annoncé que la France avait accueilli près de 90 millions de touristes en 2018 et que c'était un record.

1. フランスを訪れる外国人観光客として挙げられている国籍の単語に下線を引いてください。

2. ①～④の内容が本文に合っているかどうか、〇か×で答えてください。 (078)

① Le nombre de visiteurs a augmenté en France. ( )
② Les touristes les plus nombreux sont les Américains. ( )
③ Un touriste dépense en moyenne plus de 600 euros. ( )
④ Les touristes étrangers sont attirés par les parcs d'attractions. ( )

3. 本文の中で、直説法大過去の形になっている動詞を〇で囲みましょう。

4. アルザス地方にドイツ人観光客が多い理由として、convivialité という語が挙げられています。まず、辞書でこの単語の意味を調べ、なぜそれが理由なのかを調べてみましょう。

コラム　観光立国フランス

パリ同時多発テロ事件（2015 年）の影響が懸念されていましたが、前年に引き続き、フランスは 2016 年もアメリカとスペインを抜いて世界で最も多くの観光客を受け入れました。訪れた外国人観光客はおよそ 8300 万人で、以降も増加傾向にあります。一方で、観光客の著しい増加が地域住民の生活や自然環境、景観等に負の影響をもたらす、観光客自身の満足度を低下させる、といったオーバーツーリズムの問題も懸念されています。「観光立国」フランスから日本は何を学べるでしょうか。

Découverte! 1

A.

Le gouvernement interdit de fumer dans les lieux publics.

B.

La vente de poulet est interdite par le gouvernement.

C.

Ces bâtiments ont été détruits pendant la guerre.

D.

Il sera élu président de la République française.

まず自分で考え、そのあと近くの人と話し合いましょう

① AとBの文の文法的な違いは何でしょうか。何が主語になっているかに着目して考えましょう。

② B、C、Dの文で過去分詞の語尾がそれぞれ異なる理由を説明しましょう。

③ C、Dの文の時制はそれぞれ何ですか。

穴埋めチェック 【受動態】

これまでに学習した文は、動作や行為を行う側を主語とした能動態の文でした。逆に、行為を受ける側を主語にしたものを、**受動態**と呼びます。受動態は、être ＋過去分詞＋ par（行為が一時的なとき）／ de（行為が継続的なとき）の形をとり、過去分詞は主語と性数一致します。

例）能動態 Taro invite Kanoko. → 受動態 Kanoko (　　　　　　　　　　　　　　　) Taro.

受動態の時制は、être の部分で示されます。

A）複合過去形 Kanoko (　　　　　　　　　　　　) Taro.

B）単純未来形 Kanoko (　　　　　　　　　　　　) Taro.

Découverte! 2

Leçon
7

A.

L'avion **sera parti** quand j'arriverai à l'aéroport.

B.

Le journaliste n'**aura** pas **terminé** la rédaction de l'article avant minuit.

C.

Il faut respecter le droit des enfants ainsi que **celui** des parents.

D.

Je connaissais bien la durée des congés payés mais je n'ai jamais pensé à **celle** des congés de paternité.

E.

Tous **ceux** qui sont riches ne sont pas heureux.

F.

Ces candidates sont **celles** qui se battent contre le racisme.

まず自分で考え、そのあと近くの人と話し合いましょう

① ＡとＢの太字の部分は、それぞれどのような形をとり、どのような意味を表していますか。
② Ｃ～Ｆの文の太字の単語がどのように使い分けられているか考えましょう。

穴埋めチェック 【前未来 / 指示代名詞】

前未来〈avoir / être の単純未来＋過去分詞〉は未来のある時点までに完了している行為を表します。

j' aurai fini	nous ( ) fini	je serai arrivé(e)	nous ( ) arrivé(e)s
tu ( ) fini	vous ( ) fini	tu ( ) arrivé(e)	vous ( ) arrivé(e)(s)
il ( ) fini	ils ( ) fini	il ( ) arrivé	ils ( ) arrivés
elle ( ) fini	elles ( ) fini	elle ( ) arrivée	elles ( ) arrivées

性数に関係なく用いられる指示代名詞 ce、ceci、cela、ça 以外に、下の表のように性数変化をする指示代名詞があります。これらは de によって限定される名詞や、関係代名詞の先行詞として用いられます。

男性単数	女性単数	男性複数	女性複数
( )	celle	( )	( )

41

Exercices

1. 受動態に書きかえるとき、＿＿＿に入る表現を書きましょう。準備ができたら、近くの人と確認しましょう。 (082)

① L'ambassade invite ces écrivains congolais.

→ Ces écrivains congolais ＿＿＿＿＿＿＿＿＿＿＿＿＿＿ l'ambassade.

② Tout le monde respecte ce professeur de philosophie.

→ Ce professeur de philosophie ＿＿＿＿＿＿＿＿＿＿＿＿ de tout le monde.

③ Le premier ministre annulera cette réunion.

→ Cette réunion ＿＿＿＿＿＿＿＿＿＿ le premier ministre.

④ Les nazis ont déporté ses parents dans des camps de concentration.

→ Ses parents ＿＿＿＿＿＿＿＿＿＿＿＿ les nazis dans des camps de concentration.

2. （　）の動詞を前未来の形に変えて＿＿＿に書き、文の意味を考えましょう。準備ができたら、近くの人と確認しましょう。 (083)

① Vous pourrez obtenir le visa après que vous ＿＿＿＿＿＿＿＿＿＿＿＿ ces documents. (apporter)

② Ma cousine me téléphonera dès qu'elle ＿＿＿＿＿＿＿＿＿ à la gare. (arriver)

③ Tu m'écriras quand tu ＿＿＿＿＿＿＿＿ une décision ? (prendre)

④ Quand je vous rejoindrai à la soirée, elle ＿＿＿＿＿＿＿＿ à la maison. (rentrer)

3. ＿＿＿ に celui, celle, ceux, celles のいずれかを書き、文の意味を考えましょう。書けたら近くの人と確認しましょう。 (084)

① Nous avons trouvé un ancien dessin de Renoir et ＿＿＿＿＿＿＿ de Monet dont nous avons parlé.

② Cette méthode est destinée à ＿＿＿＿＿＿＿ qui souhaitent apprendre le français d'une façon active.

③ À l'époque, on a beaucoup aimé les chansons de Charles Aznavour ainsi que ＿＿＿＿＿＿＿ d'Edith Piaf.

④ La robe que vous avez créée pour cette collection est mieux que ＿＿＿＿＿＿＿ de Coco Chanel.

Dictées (085)

① Lilianne ＿＿＿＿＿＿＿＿＿＿＿ Jean-François pour son anniversaire.

② La vente de drogue ＿＿＿＿＿＿＿＿＿＿ le gouvernement.

③ Le train ＿＿＿＿＿＿＿＿＿ quand j'arriverai à la gare.

④ Elle ＿＿＿＿＿＿＿＿ le travail avant 20 heures.

⑤ ＿＿＿＿＿＿＿＿ sont pauvres ne sont pas malheureux.

⑥ Nous avons acheté une BD de Hergé et ＿＿＿＿＿＿＿＿ Joann Sfar dont nous avons parlé.

 **Activités**

1. 適切な人物名を選び、例にならって近くの人とやりとりしましょう。 086

> | Victor Hugo | Adolphe Sax | Antoine de Saint-Exupéry |
> | Jacques Cartier | Hayao Miyazaki | |

　例) Qui a écrit *Notre-Dame de Paris* ?
　　　– *Notre-Dame de Paris* a été écrit par Victor Hugo.

　1. Qui a écrit *Le Petit Prince* ?
　2. Qui a réalisé *Le Voyage de Chihiro* ?
　3. Qui a inventé le saxophone ?
　4. Qui a découvert le Canada ?

2. 例にならい、A～Dの出来事について予想しながら近くの人と質問し合いましょう。 087

　例) – Dans un an, tu auras trouvé un travail ?
　　　– Oui, j'aurai trouvé un travail.

A 　　B 　　C 　　D

dans deux ans
trouver un travail

dans trois ans
terminer ses études

dans cinq ans
rencontrer son futur mari
[sa future femme]

dans dix ans
devenir papa
[maman]

3. 以下のA～Cの各文章を、時系列になるように並べ替えましょう。 088

A : ① Quand j'aurai terminé le stage, je deviendrai mécanicien.
　　② Je suis en train de faire des études en technologie.
　　③ Je vais faire un stage chez un constructeur automobile le mois prochain.
　　　　　　　　　　　　　　　(　　) → (　　) → (　　)

B : ① Mon petit ami a eu une aventure avec ma meilleure amie.
　　② Quand je l'aurai quitté, je serai plus heureuse.
　　③ Je ne m'entends pas bien avec mon petit ami.
　　　　　　　　　　　　　　　(　　) → (　　) → (　　)

C : ① J'ai commencé à étudier le français à l'université.
　　② Je viens de rentrer de Strasbourg où j'ai fait un stage linguistique.
　　③ Quand je terminerai mes études, j'aurai obtenu le DELF B2.
　　④ Quand j'étais lycéen, je n'aimais pas beaucoup le cours d'anglais.
　　　　　　　　　　　　(　　) → (　　) → (　　) → (　　)

Expression

1. 例にならい、年表に書かれた出来事を文章に書きかえましょう。 (089)

> 1789 : La déclaration des Droits de l'Homme et du Citoyen
> 1830 : La fondation de la Belgique
> 1889 : La construction de la tour Eiffel
> 1993 : La création de l'Union européenne
> 2012 : L'attribution du prix Nobel de la paix à l'Union européenne

1789 : _____

1830 : _____

1889 : La tour Eiffel a été construite en 1889.

1993 : _____

2012 : _____

2. 以下の文章は、ある日のニュース原稿です。それぞれの文章を受動態で書きかえましょう。 (090)

> Demain matin, le Premier ministre japonais recevra le Président américain. Ils discuteront de la question du traité de sécurité. Le soir, l'Empereur invitera le Président dans son palais.

Le Pésident américain....

_____

_____

_____

3. Activité 3 を参考に、「複合過去」「現在」「単純未来」「前未来」の時制を用いて、卒業後までの計画を語る文章を作ってください。最後に、それをクラスで発表しましょう。

_____

_____

_____

_____

_____

_____

**Lecture**

男女の賃金格差について書かれた文章を読み、問題に答えましょう。 091

　Il y a un écart salarial de quelque 20% entre hommes et femmes en Allemagne et il est de 24% en France. En Suisse, cet écart de salaire est, en moyenne, de 15% dans le secteur privé. C'est le pays où l'égalité des deux sexes est inscrite dans la constitution depuis 1981. Dans le monde entier, une femme reçoit une rémunération qui est environ les trois quarts seulement du salaire d'un employé masculin effectuant le même travail. Pourtant, il y a quelques progrès. Aujourd'hui, ce sont des femmes qui possèdent et dirigent plus de 30% des entreprises. Et le nombre de celles qui siègent au conseil d'administration atteint près de 20% des sociétés. Mais à peine 5% d'entre elles sont le PDG de leur entreprise. En plus, ce n'est pas la seule question. Quand on aura supprimé l'écart salarial, est-ce que l'égalité se réalisera complètement ?

---

1. （　　）に入る語句や数字を書き、文章の要約を完成させましょう。

男女の賃金格差は、（　　　　　　　　　　　　　）では約20％で、（　　　　　　　　　　　　　）では24％である。また、スイスの民間企業では平均（　　　　　％）である。1981 年以降、スイスでは（　　　　　　　　　　　）が憲法で定められている。世界全体では、女性が受け取る報酬は、同じ仕事に従事する男性の（　　　　　　　　　）程度である。現在、（　　　　　％）以上の企業が女性によって経営されており、（　　　　　％）近くの会社では、女性が取締役会のメンバーである。しかし、彼女たちのなかで（　　　　　　　　　　）を務めているのは、多くてもその 5％程度である。

2. 本文の中で、直説法前未来の形になっている動詞を○で、受動態の形になっている箇所を□で囲みましょう。また、指示代名詞に下線を引きましょう。

3. グループごとに、文章に登場しない国 / 地域をひとつ選び、男女の賃金格差について調べ、クラスで発表しましょう。

コラム　**ジェンダー不平等**

ジェンダー不平等指数（Gender inequality index）は、ジェンダー不平等によってその国の人間開発にどれほどの損失が生じたのかを測る目的で、国連開発計画（UNDP）が 2010 年から用いている統計的手法です。妊産婦死亡率、国会議員の女性割合、中等以上の教育を受けた人の割合などから算出されます。2017 年の発表によると、160 か国中、ジェンダー間の平等が達成されている国は、1 位がスイス、2 位がデンマーク、3 位がスウェーデンとオランダ、5 位がノルウェーとベルギー、という結果になりました（フランスは 16 位、日本は 22 位）。

Découverte !

A.

Il ne faut pas *laisser continuer* la pollution de l'air.

B.

Il faut qu'on soit plus attentif à la consommation d'énergie.

C.

Je souhaite vous *faire savoir* la situation politique de mon pays natal.

D.

Nous souhaitons que vous appreniez plusieurs langues étrangères pour vous ouvrir au monde.

まず自分で考え、そのあと近くの人と話し合いましょう

① A、C のグループと B、D のグループの文法的な違いは何でしょうか。ふたつ目の動詞の形に着目して考えましょう。

② B、D の文の que 以降に出てくる動詞の活用形を〇で囲みましょう。

③ 太字になっているところは、それぞれ日本語ではどのような意味でしょうか。

穴埋めチェック 【接続法現在 / 使役動詞】

接続法は、現実か非現実かを問わず、話者の頭の中で考えられた主観的な事柄を述べるために用います。**接続法現在**は、原則として直説法現在の 3 人称複数形から -ent を除いたものを語幹として活用させますが、右ページの例のように特殊な語幹を持つものや不規則な活用をする動詞もあります。

〈faire ＋不定詞〉の形は**使役**（〜させる）を表すために用います。

例：Quand j'ai besoin d'aide, je (　　　　　　　　) venir mon neveu.

〈laisser ＋不定詞〉の形は**放任**（〜させておく）を表すために用います。

例：Il sait bien la vérité, mais il (　　　　　　　) sortir son épouse.

接続法現在の活用（規則的なもの）

parler	
je parle	nous parlions
tu parles	vous parliez
il parle	ils （　　　）
elle （　　　）	elles parlent

partir	
je parte	nous partions
tu （　　　）	vous （　　　）
il （　　　）	ils （　　　）
elle （　　　）	elles （　　　）

※　faire, savoir, pouvoir, vouloir, aller, valoir は特殊な語幹をもちます。巻末の活用表で調べ、下記の文にあてはまる活用形を書きましょう。

(094)

faire : Il faut que tu .... attention à la marche.　**savoir** : Il vaut mieux que je .... la solution.

pouvoir : J'aimerais qu'il .... réparer cet ordinateur.　**aller** : Je souhaite que tout .... bien.

接続法現在の活用（不規則なもの）

(095)

avoir	
j'aie	nous ayons
tu aies	vous （　　　）
il ait	ils aient
elle （　　　）	elles （　　　）

être	
je sois	nous （　　　）
tu sois	vous soyez
il （　　　）	ils （　　　）
elle soit	elles soient

接続法の主な用法　　　　※............... にそれぞれの例文の意味を考えて書きましょう。

(096)

1. 意志、願望、感情、疑惑、命令などを表す動詞や表現の場合

　　例）*Je suis triste qu'*elle me quitte. ....

　　vouloir que　　souhaiter que　　douter que　　avoir peur que　　être content que *etc.*

2. 義務、判断、可能性、重要性、感情などを表す非人称構文の場合

　　例）*Il est nécessaire que* nous décidions tout de suite.

　　...

　　il faut que　　il vaux mieux que　　il est possible que　　il est important que *etc.*

3. 意見を述べる動詞の否定や疑問等、従属節（que で始まる節）の内容が不確実な場合

　　例）*Pensez-vous* que ses films soient intéressants ? ....

　　– Je trouve que son premier film est extraordinaire, mais *je ne crois pas que* son

　　dernier soit intéressant. ....

4. 目的、条件、譲歩等を表す接続詞句の場合

　　例）*Afin que* ma fille puisse partir en France, je dois gagner beaucoup d'argent.

　　...

　　bien que　　quoique　　pour que　　à condition que　　avant que　　sans que *etc.*

5. 祈願・願望を表す独立節の場合

　　例）Vive la révolution ! ....

Exercices

1. ( ) の動詞を適切な形に活用させましょう。準備ができたら、近くの人と確認しましょう。

① Je souhaite que tout le monde _____ vivre sans souci. (pouvoir)

② Il faut que le gouvernement _____ plus ouvert à la diversité. (être)

③ J'ai peur qu'il y _____ un autre grand séisme dans mon pays. (avoir)

④ Il est important que chacun _____ à l'égalité des hommes et des femmes. (réfléchir)

⑤ Il est nécessaire que la réforme _____ en compte le changement climatique. (prendre)

2. 例にならい、否定文に書きかえましょう。準備ができたら、近くの人と確認しましょう。

例) Je pense qu'il y a des embouteillages.
　　→ Je ne pense pas qu'il y ait des embouteillages.

① Je pense qu'il fait mauvais à Moscou.
　　→ _____

② Je crois que vous aimez ce groupe de danse.
　　→ _____

③ Je trouve que ces acteurs sont beaux.
　　→ _____

3. _____ に入る語句を選択肢から選びましょう。後に来る単語によって形が変わる場合もあります。準備ができたら、近くの人と確認しましょう。

bien que	pour que	à condition que	avant que

① Achetez un sandwich _____ le TGV parte.

② Tu peux sortir _____ tu me dises où tu vas.

③ _____ elle n'aille pas bien, Marion est toujours souriante.

④ Nous allons partir à la campagne _____ les enfants prennent l'air.

Dictées

① Il faut _____ plus attentif.

② Je ne pense pas _____ trouver une solution.

③ Il vaut mieux _____ la vérité.

④ _____ froid, nous allons à la montagne.

⑤ On va partir _____ des embouteillages.

⑥ J'aimerais te _____ la situation.

 **Activités**

1. A と B の語句を il faut que tu を使ってつなぎ合わせ、近くの人と伝え合いましょう。ただし、B の動詞は接続法現在の形に書きかえる必要があります。

例）À la maison, il faut que tu te reposes.

A

À la maison,
À l'université,
Au travail,
Dans les lieux publics,

il faut que tu...

B

arriver à l'heure
avoir de l'initiative
avoir de la créativité
étudier beaucoup
être sympathique
être prudent(e)
se reposer
dormir bien

2. まず、意味が通る文になるよう A と B を結びつけてください。準備ができたら、この中であなたが実際にしている／これからしようと考える行動を選び、近くの人に発表しましょう。

pour que
pour qu'

A

J'achète des légumes bio ·

J'éteins la lumière ·

J'apprends le français ·

Je parle clairement ·

J'utilise du papier recyclé ·

B

· tous les étudiants de la classe me comprennent.

· on protége la forêt.

· ma famille soit en bonne santé.

· on économise l'électricité.

· je puisse discuter avec mes amis francophones.

3. 選択肢から最も適切な表現を選び、対話を成立させてください。その後、近くの人と交互に音読しましょう。

faire gagner　　　faire manger　　　faire sortir

Emma : Tu peux _____ le chien ? Hier, il est resté à la maison toute la
　　　　journée.

Jules : Non, je suis très occupé !

Emma : OK, je m'en occupe.

Jules : Merci, tu vas me _____ du temps, parce que je dois

_____ les enfants avant de partir.

Expression

1. あなたの身近な人を 3 人選び、その人たちに対する「こうであってほしい」という思いを書きましょう。

(104)

| mes parents | mon père | ma mère | mon frère | ma sœur |
| mes ami(e)s | mon petit ami | ma petite amie | mon professeur | |

例）J'aimerais que mes parents soient plus gentils avec moi.

J'aimerais que _____ .

J'aimerais que _____ .

J'aimerais que _____ .

2. A 〜 C に対する感想または解決策を考え、接続法を使って作文し、グループで発表しましょう。

(105)

A : La population japonaise diminue de plus en plus.

_____

B : Au Japon, il n'y a qu'une seule femme pour dix députés.

_____

C : Dans le monde, une personne sur dix vit avec moins de 1,90 dollars par jour.

_____

3. Lecture のページを学習した後、下記のテーマについて自分の意見をまとめてスピーチ原稿を完成させましょう。グループで添削した後、クラスで発表しましょう。

> Pourquoi est-il important qu'on apprenne des langues étrangères ?

_____

_____

_____

_____

_____

_____

Lecture

外国語学習についての文章を読み、問題に答えましょう。

106

Pourquoi est-il important qu'on apprenne des langues étrangères ? À mon avis, l'apprentissage des langues étrangères enrichit notre vie. En les apprenant, nous ferons de nombreuses rencontres et aurons énormément de choses à raconter aux autres. Je pense aussi que nous pourrons nous exprimer mieux. Certes, certains pensent que la phase d'apprentissage d'une langue (conjugaison, conversation, grammaire, prononciation, vocabulaire) est une grande difficulté. Mais je pense le contraire. À condition que nous prenions de bonnes habitudes, le simple fait de travailler régulièrement deviendra une source de plaisir. Car, apprendre des langues étrangères nous fait découvrir un monde entièrement nouveau. Progresser petit à petit en parlant, lisant et écrivant nous donne de la satisfaction. Avez-vous fait des progrès en français ?

1. A〜Eは、外国語学習から得られるものとして、文章の中で挙げられているものです。

　① 本文で語られている順に、[　　]に番号を書きましょう。
　② これまでのフランス語学習の中で、A〜Eについてあなた自身はどの程度実感していますか？
　　選択肢の中から、最も近いものを書き入れましょう。
　A：まったく新しい世界を発見できる。　　　[　　]（　　　　　　　　　　　）
　B：人生が豊かになる。　　　　　　　　　　[　　]（　　　　　　　　　　　）
　C：自分をより良く表現できる。　　　　　　[　　]（　　　　　　　　　　　）
　D：まわりの人に話すことがたくさんできる。[　　]（　　　　　　　　　　　）
　E：たくさんの人と出会える。　　　　　　　[　　]（　　　　　　　　　　　）

> beaucoup　　　un peu　　　pas beaucoup　　　pas du tout

2. 本文の中で、接続法現在の形になっている動詞を〇で囲みましょう。また、使役の形になっている箇所に下線を引きましょう。

3. これまでのフランス語学習をふりかえり、下記の質問に答えてください。

Pourquoi apprenez-vous le français ?

....

....

コラム　複言語・複文化主義

外国語学習を語る上で、複言語・複文化主義という考え方があります。「ネイティヴ」と同じ言語能力の獲得を目指すのではなく、様々なレベルで複数の言語を習得し、複数の文化経験を持つことを目指す考え方です。ある言語の能力は、様々な言語の知識や経験が互いに影響しあい、補いあった結果です。そのため、複言語・複文化主義は、学習者が自分自身の到達目標に合わせ、複数の言語を学ぶことを奨励しているのです。

達成度チェックリスト

> できるようになった項目の□に
> チェックを入れましょう！

Leçon	Savoir-faire	Grammaire
1	□ 自己紹介、家族の紹介、道案内、インタビューができる □ 一日の習慣、過去の出来事、未来の予定についてやりとりできる	□ 直説法のさまざまな時制を使い分けられる □ さまざまな疑問詞を使い分けられる □ 比較級と最上級の表現を用いることができる
2	□ 過去の経験を分かりやすく伝えられる □ 語の置きかえを用いることができる	□ 代名動詞の直説法複合過去とその否定の文をつくることができる □ 中性代名詞が指しているものを読みとれる
3	□ 過去の経験を詳しく伝えられる □ 情報を追加したり重要な情報を強調したりできる	□ 関係代名詞を使い分けられる □ 強調構文をつくることができる □ 現在分詞／ジェロンディフを用いた文をつくることができる
4	□ 仮定の条件や選択肢を示した質問で相手のことばを引きだせる	□ 条件法現在の文を読みとれる □ 疑問代名詞lequelを性・数に応じて使い分けられる □ 前置詞と疑問代名詞を組み合わせて使うことができる
5	□ 指示、禁止、否定などの情報を読みとったり伝えたりできる	□ 命令法の文をつくることができる □ さまざまな否定表現を使い分けられる
6	□ 人から聞いたことを別の相手に伝えられる □ 過去のある時点までに完了していた行動について伝えられる	□ 直説法大過去の文をつくることができる □ 直接話法の文を間接話法の文に、間接話法の文を直接話法の文に書きかえることができる
7	□ 社会の諸問題についての文章を読みとったり伝えたりできる □ 未来のある時点までに完了している行為について伝えられる	□ 受動態の文をつくることができる □ 前未来の文をつくることができる □ 指示代名詞を使い分けられる
8	□ さまざまな表現を用いて自分の意見を発信することができる □ まとまったスピーチの形で意見を述べられる	□ 接続法現在の文を読みとれる □ さまざまな接続詞句を使い分けられる □ 使役動詞／放任動詞を用いた文が理解できる

著者紹介

今中 舞衣子（いまなか まいこ）
大阪産業大学国際学部准教授

中條 健志（ちゅうじょう たけし）
東海大学国際教育センター特任講師

アクティヴ！2

2020 年 2 月 1 日　印刷
2020 年 2 月 10 日　発行

著　者ⓒ　今　中　舞　衣　子
　　　　　中　條　健　志
発行者　及　川　直　志
印刷所　研 究 社 印 刷 株 式 会 社

発行所　〒101-0052 東京都千代田区神田小川町 3 の 24
　　　　電話 03-3291-7811（営業部）, 7821（編集部）　株式会社白水社
　　　　www.hakusuisha.co.jp
　　　　乱丁・落丁本は送料小社負担にてお取り替えいたします。

振替　00190-5-33228　　　　Printed in Japan　　　誠製本株式会社

ISBN978-4-560-06136-7

▷本書のスキャン、デジタル化等の無断複製は著作権法上での例外を除き禁じ
られています。本書を代行業者等の第三者に依頼してスキャンやデジタル化する
ことはたとえ個人や家庭内での利用であっても著作権法上認められていません。

よくわかる学習辞典のナンバーワン！

ディコ仏和辞典（新装版）

中條屋 進／丸山義博／
G.メランベルジェ／吉川一義 [編]

　定評ある，オールラウンドな学習辞典．インターネットや遺伝子技術の用語など今日のフランス語に対応，和仏索引には「パソコン」「環境」他の囲みと，世界の国名・首都一覧を付し，この一冊で和仏も OK のイチオシ辞典．発音と綴り字，会話表現を付録 CD に録音．
【語数】35000　【発音表記】発音記号＋カタカナ
　　　　　（2色刷）B 6変型　1817頁　定価（本体 3700 円＋税）

パスポート初級仏和辞典（第3版）

内藤陽哉／玉田健二／C.レヴィアルヴァレス [編]

　超ビギナー向け入門辞典の第3版．カナ発音など親切設計に加え，活用形見出しの強化／《仏検》5級必須語明示／会話表現欄新設など使い勝手激増．収録5000語．（2色刷）B 6判　364頁　定価（本体 2600 円＋税）【シングルＣＤ付】

パスポート仏和・和仏小辞典　第2版

内藤陽哉／玉田健二／C.レヴィアルヴァレス [編]

　カナ発音の「仏和（20000 語）」＋用例入り本格「和仏（8000 語）」＋ジャンル別和仏語彙集．用例をふんだんに盛り込んだ使いやすさ抜群の辞典．多彩な情報をスリムなボディに凝縮．（2色刷）B 小型　701頁　定価（本体 2500 円＋税）

会話＋文法◆入門書の決定版がパワーアップ

ニューエクスプレスプラス　フランス語

東郷雄二 [著]

　フランス語の世界へようこそ！　きっかけはなんであっても，大事なのは最初の一歩．言葉の扉の向こうには新しい世界が待っています．音声アプリあり．
　（2色刷）A 5判　159頁　定価（本体 1900 円＋税）【ＣＤ付】

重版にあたり，価格が変更になることがありますので，ご了承ください．

入門書・文法書

わたしのフランス語
32 のフレーズでこんなに伝わる
佐藤 康 [著]
はじめてなのにこんなに伝わる!
(2色刷) A 5判 159頁 定価 (本体 1700 円+税)【CD付】

フラ語入門、わかりやすいにもホドがある!
清岡智比古 [著]　　　　　　　　　(改訂新版)
楽しく学べる, 大好評の入門書.
(2色刷) A 5判 197頁 定価 (本体 1600 円+税)【CD付】

フランス文法総まとめ
東郷雄二 [著]
学習の手引きとしても便利.『フランス
文法総まとめ問題集』との併用も効果的.
(2色刷) A 5判 191頁 定価 (本体 2200 円+税)

発音・会話・留学

はじめての声に出すフランス語
高岡優希／ジャン=ノエル・ポレ／富本ジャニナ [著] 語学の独習は最初が肝心!
A 5判 108頁 定価 (本体 1800 円+税)【CD付】

声に出すフランス語 即答練習ドリル
高岡優希／ジャン=ノエル・ポレ／クロチルド・ペシェ／ダニエル・デュジョ [著]
A 5判 120頁 定価 (本体 2100 円+税)【CD2枚付】

声に出すフランス語 即答練習ドリル 中級編
高岡優希／ジャン=ノエル・ポレ／富本ジャニナ [著]
A 5判 112頁 定価 (本体 2200 円+税)【CD2枚付】

留学とホームステイのフランス語
阿南婦美代 [著]
フランス語留学の心強い味方!
四六判 174頁 定価 (本体 2000 円+税)

日記・作文

フランス語で日記をつけよう
長野 督 [著] 毎日「ちょこっと」で実力アップ!
A 5判 184頁 定価 (本体 1700 円+税)

書ける! 伝わる!
ステップアップ フランス語作文
佐藤久美子／佐藤領時 [著]
3段階の解説・練習で作文力アップ.
A5判 160頁 定価 (本体 2200 円+税)

問題集

フランス文法はじめての練習帳
中村敦子 [著] まずはこの一冊をやりきろう!
A 5判 186頁 定価 (本体 1600 円+税)

15日間フランス文法おさらい帳
中村敦子 [著] ドリル式で苦手項目を完全克服!
A 5判 155頁 定価 (本体 1800 円+税)

フランス文法総まとめ問題集
東郷雄二 [著]
フランス文法を着実に学びたい人に.
A 5判 116頁 定価 (本体 1500 円+税)

仏検対策5級問題集 三訂版
小倉博史／モーリス・ジャケ／舟杉真一 [編著]
聞き取り問題はCDでも音声アプリでも!
A 5判 127頁 定価 (本体 1800 円+税)【CD付】

仏検対策4級問題集 改訂版
小倉博史／モーリス・ジャケ／舟杉真一 [編著]
A 5判 157頁 定価 (本体 1800 円+税)【CD付】

仏検対策3級問題集 改訂版
小倉博史／モーリス・ジャケ／舟杉真一 [編著]
A 5判 191頁 定価 (本体 1900 円+税)【CD付】

動詞活用

フランス語動詞活用ドリル虎の穴
岩根 久 [著]　折って覚えるドリル.
新書判 148頁 定価 (本体 1500 円+税)

徹底整理フランス語　動詞のしくみ
高橋信良／久保田剛史 [著]
基本動詞55の全活用パターンと全音源収録!
A5判 134頁 定価 (本体1900円+税)【MP3 CD-ROM付】

単語集／熟語集

《仏検》3・4級必須単語集 (新装版)
久松健一 [著] 基礎語彙力養成にも最適!
四六判 234頁 定価 (本体 1600 円+税)【CD付】

例文で覚えるフランス基本単語2600
内藤陽哉／玉田健二／モーリス・ジャケ [著]
語彙が広がる単語集!
(2色刷) 四六判 293頁 定価 (本体 2400 円+税)

例文で覚えるフランス語熟語集
モーリス・ジャケ／舟杉真一／中山智子 [著]
必須熟語 1300 を効率よく学習.
四六判 213頁 定価 (本体 2000 円+税)

重版にあたり, 価格が変更になることがありますので, ご了承ください.

動 詞 活 用 表

1	avoir	18	écrire	35	pouvoir
2	être	19	employer	36	préférer
3	aimer	20	envoyer	37	prendre
4	finir	21	faire	38	recevoir
5	acheter	22	falloir	39	rendre
6	aller	23	fuir	40	résoudre
7	appeler	24	lire	41	rire
8	asseoir	25	manger	42	savoir
9	battre	26	mettre	43	suffire
10	boire	27	mourir	44	suivre
11	conduire	28	naître	45	vaincre
12	connaître	29	ouvrir	46	valoir
13	courir	30	partir	47	venir
14	craindre	31	payer	48	vivre
15	croire	32	placer	49	voir
16	devoir	33	plaire	50	vouloir
17	dire	34	pleuvoir		

不定法	直　説　法			

① avoir

現在分詞
ayant

過去分詞
eu [y]

現　在	半　過　去	単純過去	単純未来
j'　**ai** [e]	j'　avais	j'　**eus** [y]	j'　aurai
tu　**as**	tu　avais	tu　**eus**	tu　auras
il　**a**	il　avait	il　**eut**	il　aura
nous **avons**	nous avions	nous **eûmes**	nous aurons
vous **avez**	vous aviez	vous **eûtes**	vous aurez
ils　**ont**	ils　avaient	ils　**eurent**	ils　auront

複合過去	大　過　去	前　過　去	前　未　来
j'　ai　eu	j'　avais　eu	j'　eus　eu	j'　aurai　eu
tu　as　eu	tu　avais　eu	tu　eus　eu	tu　auras　eu
il　a　eu	il　avait　eu	il　eut　eu	il　aura　eu
nous avons eu	nous avions eu	nous eûmes eu	nous aurons eu
vous avez eu	vous aviez eu	vous eûtes eu	vous aurez eu
ils　ont　eu	ils　avaient eu	ils　eurent eu	ils　auront eu

② être

現在分詞
étant

過去分詞
été

現　在	半　過　去	単純過去	単純未来
je　**suis**	j'　étais	je　fus	je　serai
tu　**es**	tu　étais	tu　fus	tu　seras
il　**est**	il　était	il　fut	il　sera
nous **sommes**	nous étions	nous fûmes	nous serons
vous **êtes**	vous étiez	vous fûtes	vous serez
ils　**sont**	ils　étaient	ils　furent	ils　seront

複合過去	大　過　去	前　過　去	前　未　来
j'　ai　été	j'　avais　été	j'　eus　été	j'　aurai　été
tu　as　été	tu　avais　été	tu　eus　été	tu　auras　été
il　a　été	il　avait　été	il　eut　été	il　aura　été
nous avons été	nous avions été	nous eûmes été	nous aurons été
vous avez été	vous aviez été	vous eûtes été	vous aurez été
ils　ont　été	ils　avaient été	ils　eurent été	ils　auront été

③ aimer

現在分詞
aimant

過去分詞
aimé

第1群
規則動詞

現　在	半　過　去	単純過去	単純未来
j'　aime	j'　aimais	j'　aimai	j'　aimerai
tu　aimes	tu　aimais	tu　aimas	tu　aimeras
il　aime	il　aimait	il　aima	il　aimera
nous aimons	nous aimions	nous aimâmes	nous aimerons
vous aimez	vous aimiez	vous aimâtes	vous aimerez
ils　aiment	ils　aimaient	ils　aimèrent	ils　aimeront

複合過去	大　過　去	前　過　去	前　未　来
j'　ai　aimé	j'　avais　aimé	j'　eus　aimé	j'　aurai　aimé
tu　as　aimé	tu　avais　aimé	tu　eus　aimé	tu　auras　aimé
il　a　aimé	il　avait　aimé	il　eut　aimé	il　aura　aimé
nous avons aimé	nous avions aimé	nous eûmes aimé	nous aurons aimé
vous avez aimé	vous aviez aimé	vous eûtes aimé	vous aurez aimé
ils　ont　aimé	ils　avaient aimé	ils　eurent aimé	ils　auront aimé

④ finir

現在分詞
finissant

過去分詞
fini

第2群
規則動詞

現　在	半　過　去	単純過去	単純未来
je　finis	je　finissais	je　finis	je　finirai
tu　finis	tu　finissais	tu　finis	tu　finiras
il　finit	il　finissait	il　finit	il　finira
nous finissons	nous finissions	nous finîmes	nous finirons
vous finissez	vous finissiez	vous finîtes	vous finirez
ils　finissent	ils　finissaient	ils　finirent	ils　finiront

複合過去	大　過　去	前　過　去	前　未　来
j'　ai　fini	j'　avais　fini	j'　eus　fini	j'　aurai　fini
tu　as　fini	tu　avais　fini	tu　eus　fini	tu　auras　fini
il　a　fini	il　avait　fini	il　eut　fini	il　aura　fini
nous avons fini	nous avions fini	nous eûmes fini	nous aurons fini
vous avez fini	vous aviez fini	vous eûtes fini	vous aurez fini
ils　ont　fini	ils　avaient fini	ils　eurent fini	ils　auront fini

条　件　法	接　　続　　法		命　令　法
現　在	**現　在**	**半　過　去**	
j' **aurais**	j' **aie** [ε]	j' **eusse**	
tu **aurais**	tu **aies**	tu **eusses**	aie
il **aurait**	il **ait**	il **eût**	
nous au**rions**	nous ay**ons**	nous **eussions**	ayons
vous au**riez**	vous ay**ez**	vous **eussiez**	ayez
ils au**raient**	ils **aient**	ils **eussent**	
過　去	**過　去**	**大　過　去**	
j' aurais eu	j' aie eu	j' eusse eu	
tu aurais eu	tu aies eu	tu eusses eu	
il aurait eu	il ait eu	il eût eu	
nous aurions eu	nous ayons eu	nous eussions eu	
vous auriez eu	vous ayez eu	vous eussiez eu	
ils auraient eu	ils aient eu	ils eussent eu	
現　在	**現　在**	**半　過　去**	
je **serais**	je **sois**	je **fusse**	
tu **serais**	tu **sois**	tu **fusses**	sois
il **serait**	il **soit**	il **fût**	
nous se**rions**	nous soy**ons**	nous **fussions**	soyons
vous se**riez**	vous soy**ez**	vous **fussiez**	soyez
ils se**raient**	ils **soient**	ils **fussent**	
過　去	**過　去**	**大　過　去**	
j' aurais été	j' aie été	j' eusse été	
tu aurais été	tu aies été	tu eusses été	
il aurait été	il ait été	il eût été	
nous aurions été	nous ayons été	nous eussions été	
vous auriez été	vous ayez été	vous eussiez été	
ils auraient été	ils aient été	ils eussent été	
現　在	**現　在**	**半　過　去**	
j' aime**rais**	j' **aime**	j' aim**asse**	
tu aime**rais**	tu aim**es**	tu aim**asses**	aime
il aime**rait**	il **aime**	il aim**ât**	
nous aime**rions**	nous aim**ions**	nous aim**assions**	aimons
vous aime**riez**	vous aim**iez**	vous aim**assiez**	aimez
ils aime**raient**	ils aim**ent**	ils aim**assent**	
過　去	**過　去**	**大　過　去**	
j' aurais aimé	j' aie aimé	j' eusse aimé	
tu aurais aimé	tu aies aimé	tu eusses aimé	
il aurait aimé	il ait aimé	il eût aimé	
nous aurions aimé	nous ayons aimé	nous eussions aimé	
vous auriez aimé	vous ayez aimé	vous eussiez aimé	
ils auraient aimé	ils aient aimé	ils eussent aimé	
現　在	**現　在**	**半　過　去**	
je fini**rais**	je fin**isse**	je fin**isse**	
tu fini**rais**	tu fin**isses**	tu fin**isses**	finis
il fini**rait**	il fin**isse**	il fin**ît**	
nous fini**rions**	nous fin**issions**	nous fin**issions**	finissons
vous fini**riez**	vous fin**issiez**	vous fin**issiez**	finissez
ils fini**raient**	ils fin**issent**	ils fin**issent**	
過　去	**過　去**	**大　過　去**	
j' aurais fini	j' aie fini	j' eusse fini	
tu aurais fini	tu aies fini	tu eusses fini	
il aurait fini	il ait fini	il eût fini	
nous aurions fini	nous ayons fini	nous eussions fini	
vous auriez fini	vous ayez fini	vous eussiez fini	
ils auraient fini	ils aient fini	ils eussent fini	

不定法 現在分詞 過去分詞	直　　説　　法			
	現　　在	半　過　去	単純過去	単純未来
⑤ **acheter** achetant acheté	j' achète tu achètes il achète n. achetons v. achetez ils achètent	j' achetais tu achetais il achetait n. achetions v. achetiez ils achetaient	j' achetai tu achetas il acheta n. achetâmes v. achetâtes ils achetèrent	j' achèterai tu achèteras il achètera n. achèterons v. achèterez ils achèteront
⑥ **aller** allant allé	je **vais** tu **vas** il **va** n. allons v. allez ils **vont**	j' allais tu allais il allait n. allions v. alliez ils allaient	j' allai tu allas il alla n. allâmes v. allâtes ils allèrent	j' irai tu iras il ira n. irons v. irez ils iront
⑦ **appeler** appelant appelé	j' appelle tu appelles il appelle n. appelons v. appelez ils appellent	j' appelais tu appelais il appelait n. appelions v. appeliez ils appelaient	j' appelai tu appelas il appela n. appelâmes v. appelâtes ils appelèrent	j' appellerai tu appelleras il appellera n. appellerons v. appellerez ils appelleront
⑧ **asseoir** asseyant (assoyant) assis	j' assieds [asje] tu assieds il assied n. asseyons v. asseyez ils asseyent ------ j' assois tu assois il assoit n. assoyons v. assoyez ils assoient	j' asseyais tu asseyais il asseyait n. asseyions v. asseyiez ils asseyaient ------ j' assoyais tu assoyais il assoyait n. assoyions v. assoyiez ils assoyaient	j' assis tu assis il assit n. assîmes v. assîtes ils assirent	j' assiérai tu assiéras il assiéra n. assiérons v. assiérez ils assiéront ------ j' assoirai tu assoiras il assoira n. assoirons v. assoirez ils assoiront
⑨ **battre** battant battu	je bats tu bats il bat n. battons v. battez ils battent	je battais tu battais il battait n. battions v. battiez ils battaient	je battis tu battis il battit n. battîmes v. battîtes ils battirent	je battrai tu battras il battra n. battrons v. battrez ils battront
⑩ **boire** buvant bu	je bois tu bois il boit n. buvons v. buvez ils boivent	je buvais tu buvais il buvait n. buvions v. buviez ils buvaient	je bus tu bus il but n. bûmes v. bûtes ils burent	je boirai tu boiras il boira n. boirons v. boirez ils boiront
⑪ **conduire** conduisant conduit	je conduis tu conduis il conduit n. conduisons v. conduisez ils conduisent	je conduisais tu conduisais il conduisait n. conduisions v. conduisiez ils conduisaient	je conduisis tu conduisis il conduisit n. conduisîmes v. conduisîtes ils conduisirent	je conduirai tu conduiras il conduira n. conduirons v. conduirez ils conduiront

条件法	接続法		命令法	同型
現在	現在	半過去		
j' achèterais tu achèterais il achèterait n. achèterions v. achèteriez ils achèteraient	j' achète tu achètes il achète n. achetions v. achetiez ils achètent	j' achetasse tu achetasses il achetât n. achetassions v. achetassiez ils achetassent	achète achetons achetez	achever lever mener promener soulever
j' irais tu irais il irait n. irions v. iriez ils iraient	j' aille tu ailles il aille n. allions v. alliez ils aillent	j' allasse tu allasses il allât n. allassions v. allassiez ils allassent	va allons allez	
j' appellerais tu appellerais il appellerait n. appellerions v. appelleriez ils appelleraient	j' appelle tu appelles il appelle n. appelions v. appeliez ils appellent	j' appelasse tu appelasses il appelât n. appelassions v. appelassiez ils appelassent	appelle appelons appelez	jeter rappeler
j' assiérais tu assiérais il assiérait n. assiérions v. assiériez ils assiéraient	j' asseye [asεj] tu asseyes il asseye n. asseyions v. asseyiez ils asseyent	j' assisse tu assisses il assît n. assissions v. assissiez ils assissent	assieds asseyons asseyez	注 主として代 名動詞s'asseoir で使われる.
j' assoirais tu assoirais il assoirait n. assoirions v. assoiriez ils assoiraient	j' assoie tu assoies il assoie n. assoyions v. assoyiez ils assoient		assois assoyons assoyez	
je battrais tu battrais il battrait n. battrions v. battriez ils battraient	je batte tu battes il batte n. battions v. battiez ils battent	je battisse tu battisses il battît n. battissions v. battissiez ils battissent	bats battons battez	abattre combattre
je boirais tu boirais il boirait n. boirions v. boiriez ils boiraient	je boive tu boives il boive n. buvions v. buviez ils boivent	je busse tu busses il bût n. bussions v. bussiez ils bussent	bois buvons buvez	
je conduirais tu conduirais il conduirait n. conduirions v. conduiriez ils conduiraient	je conduise tu conduises il conduise n. conduisions v. conduisiez ils conduisent	je conduisisse tu conduisisses il conduisît n. conduisissions v. conduisissiez ils conduisissent	conduis conduisons conduisez	construire détruire instruire introduire produire traduire

不定法 現在分詞 過去分詞	直　　説　　法			
	現　　在	半　過　去	単純過去	単純未来
⑫ **connaître** connaissant connu	je connais tu connais il connaît n. connaissons v. connaissez ils connaissent	je connaissais tu connaissais il connaissait n. connaissions v. connaissiez ils connaissaient	je connus tu connus il connut n. connûmes v. connûtes ils connurent	je connaîtrai tu connaîtras il connaîtra n. connaîtrons v. connaîtrez ils connaîtront
⑬ **courir** courant couru	je cours tu cours il court n. courons v. courez ils courent	je courais tu courais il courait n. courions v. couriez ils couraient	je courus tu courus il courut n. courûmes v. courûtes ils coururent	je courrai tu courras il courra n. courrons v. courrez ils courront
⑭ **craindre** craignant craint	je crains tu crains il craint n. craignons v. craignez ils craignent	je craignais tu craignais il craignait n. craignions v. craigniez ils craignaient	je craignis tu craignis il craignit n. craignîmes v. craignîtes ils craignirent	je craindrai tu craindras il craindra n. craindrons v. craindrez ils craindront
⑮ **croire** croyant cru	je crois tu crois il croit n. croyons v. croyez ils croient	je croyais tu croyais il croyait n. croyions v. croyiez ils croyaient	je crus tu crus il crut n. crûmes v. crûtes ils crurent	je croirai tu croiras il croira n. croirons v. croirez ils croiront
⑯ **devoir** devant dû, due, dus, dues	je dois tu dois il doit n. devons v. devez ils doivent	je devais tu devais il devait n. devions v. deviez ils devaient	je dus tu dus il dut n. dûmes v. dûtes ils durent	je devrai tu devras il devra n. devrons v. devrez ils devront
⑰ **dire** disant dit	je dis tu dis il dit n. disons v. dites ils disent	je disais tu disais il disait n. disions v. disiez ils disaient	je dis tu dis il dit n. dîmes v. dîtes ils dirent	je dirai tu diras il dira n. dirons v. direz ils diront
⑱ **écrire** écrivant écrit	j' écris tu écris il écrit n. écrivons v. écrivez ils écrivent	j' écrivais tu écrivais il écrivait n. écrivions v. écriviez ils écrivaient	j' écrivis tu écrivis il écrivit n. écrivîmes v. écrivîtes ils écrivirent	j' écrirai tu écriras il écrira n. écrirons v. écrirez ils écriront
⑲ **employer** employant employé	j' emploie tu emploies il emploie n. employons v. employez ils emploient	j' employais tu employais il employait n. employions v. employiez ils employaient	j' employai tu employas il employa n. employâmes v. employâtes ils employèrent	j' emploierai tu emploieras il emploiera n. emploierons v. emploierez ils emploieront

条 件 法	接 続 法		命 令 法	同 型
現　在	現　在	半　過　去		
je connaîtrais tu connaîtrais il connaîtrait n. connaîtrions v. connaîtriez ils connaîtraient	je connaisse tu connaisses il connaisse n. connaissions v. connaissiez ils connaissent	je connusse tu connusses il connût n. connussions v. connussiez ils connussent	connais connaissons connaissez	apparaître disparaître paraître reconnaître
je courrais tu courrais il courrait n. courrions v. courriez ils courraient	je coure tu coures il coure n. courions v. couriez ils courent	je courusse tu courusses il courût n. courussions v. courussiez ils courussent	cours courons courez	accourir parcourir
je craindrais tu craindrais il craindrait n. craindrions v. craindriez ils craindraient	je craigne tu craignes il craigne n. craignions v. craigniez ils craignent	je craignisse tu craignisses il craignît n. craignissions v. craignissiez ils craignissent	crains craignons craignez	atteindre éteindre joindre peindre plaindre
je croirais tu croirais il croirait n. croirions v. croiriez ils croiraient	je croie tu croies il croie n. croyions v. croyiez ils croient	je crusse tu crusses il crût n. crussions v. crussiez ils crussent	crois croyons croyez	
je devrais tu devrais il devrait n. devrions v. devriez ils devraient	je doive tu doives il doive n. devions v. deviez ils doivent	je dusse tu dusses il dût n. dussions v. dussiez ils dussent		
je dirais tu dirais il dirait n. dirions v. diriez ils diraient	je dise tu dises il dise n. disions v. disiez ils disent	je disse tu disses il dît n. dissions v. dissiez ils dissent	dis disons dites	
j' écrirais tu écrirais il écrirait n. écririons v. écririez ils écriraient	j' écrive tu écrives il écrive n. écrivions v. écriviez ils écrivent	j' écrivisse tu écrivisses il écrivît n. écrivissions v. écrivissiez ils écrivissent	écris écrivons écrivez	décrire inscrire
j' emploierais tu emploierais il emploierait n. emploierions v. emploieriez ils emploieraient	j' emploie tu emploies il emploie n. employions v. employiez ils emploient	j' employasse tu employasses il employât n. employassions v. employassiez ils employassent	emploie employons employez	aboyer nettoyer noyer tutoyer

不定法 現在分詞 過去分詞	直 説 法			
	現　在	半 過 去	単純過去	単純未来
⑳ **envoyer** envoyant envoyé	j' envoie tu envoies il envoie n. envoyons v. envoyez ils envoient	j' envoyais tu envoyais il envoyait n. envoyions v. envoyiez ils envoyaient	j' envoyai tu envoyas il envoya n. envoyâmes v. envoyâtes ils envoyèrent	j' enverrai tu enverras il enverra n. enverrons v. enverrez ils enverront
㉑ **faire** faisant [fəzɑ̃] fait	je fais [fɛ] tu fais il fait n. faisons [fəzɔ̃] v. faites [fɛt] ils **font**	je faisais [fəzɛ] tu faisais il faisait n. faisions v. faisiez ils faisaient	je fis tu fis il fit n. fîmes v. fîtes ils firent	je ferai tu feras il fera n. ferons v. ferez ils feront
㉒ **falloir** — fallu	il faut	il fallait	il fallut	il faudra
㉓ **fuir** fuyant fui	je fuis tu fuis il fuit n. fuyons v. fuyez ils fuient	je fuyais tu fuyais il fuyait n. fuyions v. fuyiez ils fuyaient	je fuis tu fuis il fuit n. fuîmes v. fuîtes ils fuirent	je fuirai tu fuiras il fuira n. fuirons v. fuirez ils fuiront
㉔ **lire** lisant lu	je lis tu lis il lit n. lisons v. lisez ils lisent	je lisais tu lisais il lisait n. lisions v. lisiez ils lisaient	je lus tu lus il lut n. lûmes v. lûtes ils lurent	je lirai tu liras il lira n. lirons v. lirez ils liront
㉕ **manger** mangeant mangé	je mange tu manges il mange n. mangeons v. mangez ils mangent	je mangeais tu mangeais il mangeait n. mangions v. mangiez ils mangeaient	je mangeai tu mangeas il mangea n. mangeâmes v. mangeâtes ils mangèrent	je mangerai tu mangeras il mangera n. mangerons v. mangerez ils mangeront
㉖ **mettre** mettant mis	je mets tu mets il met n. mettons v. mettez ils mettent	je mettais tu mettais il mettait n. mettions v. mettiez ils mettaient	je mis tu mis il mit n. mîmes v. mîtes ils mirent	je mettrai tu mettras il mettra n. mettrons v. mettrez ils mettront
㉗ **mourir** mourant mort	je meurs tu meurs il meurt n. mourons v. mourez ils meurent	je mourais tu mourais il mourait n. mourions v. mouriez ils mouraient	je mourus tu mourus il mourut n. mourûmes v. mourûtes ils moururent	je mourrai tu mourras il mourra n. mourrons v. mourrez ils mourront

条 件 法	接 続 法		命 令 法	同 型
現 在	現 在	半 過 去		
j' enverrais tu enverrais il enverrait n. enverrions v. enverriez ils enverraient	j' envoie tu envoies il envoie n. envoyions v. envoyiez ils envoient	j' envoyasse tu envoyasses il envoyât n. envoyassions v. envoyassiez ils envoyassent	envoie envoyons envoyez	renvoyer
je ferais tu ferais il ferait n. ferions v. feriez ils feraient	je fasse tu fasses il fasse n. fassions v. fassiez ils fassent	je fisse tu fisses il fît n. fissions v. fissiez ils fissent	fais faisons faites	défaire refaire satisfaire
il faudrait	il faille	il fallût		
je fuirais tu fuirais il fuirait n. fuirions v. fuiriez ils fuiraient	je fuie tu fuies il fuie n. fuyions v. fuyiez ils fuient	je fuisse tu fuisses il fuît n. fuissions v. fuissiez ils fuissent	fuis fuyons fuyez	s'enfuir
je lirais tu lirais il lirait n. lirions v. liriez ils liraient	je lise tu lises il lise n. lisions v. lisiez ils lisent	je lusse tu lusses il lût n. lussions v. lussiez ils lussent	lis lisons lisez	élire relire
je mangerais tu mangerais il mangerait n. mangerions v. mangeriez ils mangeraient	je mange tu manges il mange n. mangions v. mangiez ils mangent	je mangeasse tu mangeasses il mangeât n. mangeassions v. mangeassiez ils mangeassent	mange mangeons mangez	changer déranger nager obliger partager voyager
je mettrais tu mettrais il mettrait n. mettrions v. mettriez ils mettraient	je mette tu mettes il mette n. mettions v. mettiez ils mettent	je misse tu misses il mît n. missions v. missiez ils missent	mets mettons mettez	admettre commettre permettre promettre remettre
je mourrais tu mourrais il mourrait n. mourrions v. mourriez ils mourraient	je meure tu meures il meure n. mourions v. mouriez ils meurent	je mourusse tu mourusses il mourût n. mourussions v. mourussiez ils mourussent	meurs mourons mourez	

不定法 現在分詞 過去分詞	直　　説　　法			
	現　　在	半　過　去	単純過去	単純未来
㉘ **naître** naissant né	je nais tu nais il naît n. naissons v. naissez ils naissent	je naissais tu naissais il naissait n. naissions v. naissiez ils naissaient	je naquis tu naquis il naquit n. naquîmes v. naquîtes ils naquirent	je naîtrai tu naîtras il naîtra n. naîtrons v. naîtrez ils naîtront
㉙ **ouvrir** ouvrant ouvert	j' ouvre tu ouvres il ouvre n. ouvrons v. ouvrez ils ouvrent	j' ouvrais tu ouvrais il ouvrait n. ouvrions v. ouvriez ils ouvraient	j' ouvris tu ouvris il ouvrit n. ouvrîmes v. ouvrîtes ils ouvrirent	j' ouvrirai tu ouvriras il ouvrira n. ouvrirons v. ouvrirez ils ouvriront
㉚ **partir** partant parti	je pars tu pars il part n. partons v. partez ils partent	je partais tu partais il partait n. partions v. partiez ils partaient	je partis tu partis il partit n. partîmes v. partîtes ils partirent	je partirai tu partiras il partira n. partirons v. partirez ils partiront
㉛ **payer** payant payé	je paie [pɛ] tu paies il paie n. payons v. payez ils paient - - - - - - - - - - je paye [pɛj] tu payes il paye n. payons v. payez ils payent	je payais tu payais il payait n. payions v. payiez ils payaient	je payai tu payas il paya n. payâmes v. payâtes ils payèrent	je paierai tu paieras il paiera n. paierons v. paierez ils paieront - - - - - - - - - - je payerai tu payeras il payera n. payerons v. payerez ils payeront
㉜ **placer** plaçant placé	je place tu places il place n. plaçons v. placez ils placent	je plaçais tu plaçais il plaçait n. placions v. placiez ils plaçaient	je plaçai tu plaças il plaça n. plaçâmes v. plaçâtes ils placèrent	je placerai tu placeras il placera n. placerons v. placerez ils placeront
㉝ **plaire** plaisant plu	je plais tu plais il plaît n. plaisons v. plaisez ils plaisent	je plaisais tu plaisais il plaisait n. plaisions v. plaisiez ils plaisaient	je plus tu plus il plut n. plûmes v. plûtes ils plurent	je plairai tu plairas il plaira n. plairons v. plairez ils plairont
㉞ **pleuvoir** pleuvant plu	il pleut	il pleuvait	il plut	il pleuvra

条 件 法	接 続 法		命 令 法	同 型
現 在	現 在	半 過 去		
je naîtrais tu naîtrais il naîtrait n. naîtrions v. naîtriez ils naîtraient	je naisse tu naisses il naisse n. naissions v. naissiez ils naissent	je naquisse tu naquisses il naquit n. naquissions v. naquissiez ils naquissent	nais naissons naissez	
j' ouvrirais tu ouvrirais il ouvrirait n. ouvririons v. ouvririez ils ouvriraient	j' ouvre tu ouvres il ouvre n. ouvrions v. ouvriez ils ouvrent	j' ouvrisse tu ouvrisses il ouvrît n. ouvrissions v. ouvrissiez ils ouvrissent	ouvre ouvrons ouvrez	couvrir découvrir offrir souffrir
je partirais tu partirais il partirait n. partirions v. partiriez ils partiraient	je parte tu partes il parte n. partions v. partiez ils partent	je partisse tu partisses il partît n. partissions v. partissiez ils partissent	pars partons partez	dormir ressortir sentir servir sortir
je paierais tu paierais il paierait n. paierions v. paieriez ils paieraient	je paie tu paies il paie n. payions v. payiez ils paient	je payasse tu payasses il payât n. payassions v. payassiez ils payassent	paie payons payez	effrayer essayer
je payerais tu payerais il payerait n. payerions v. payeriez ils payeraient	je paye tu payes il paye n. payions v. payiez ils payent		paye payons payez	
je placerais tu placerais il placerait n. placerions v. placeriez ils placeraient	je place tu places il place n. placions v. placiez ils placent	je plaçasse tu plaçasses il plaçât n. plaçassions v. plaçassiez ils plaçassent	place plaçons placez	annoncer avancer commencer forcer lancer prononcer
je plairais tu plairais il plairait n. plairions v. plairiez ils plairaient	je plaise tu plaises il plaise n. plaisions v. plaisiez ils plaisent	je plusse tu plusses il plût n. plussions v. plussiez ils plussent	plais plaisons plaisez	complaire déplaire (se) taire 囲 過去分詞 plu は不変
il pleuvrait	il pleuve	il plût		

不定法 現在分詞 過去分詞	直　　説　　法			
	現　　在	半　過　去	単　純　過　去	単　純　未　来
㉟ **pouvoir** pouvant pu	je peux (puis) tu peux il peut n. pouvons v. pouvez ils peuvent	je pouvais tu pouvais il pouvait n. pouvions v. pouviez ils pouvaient	je pus tu pus il put n. pûmes v. pûtes ils purent	je pourrai tu pourras il pourra n. pourrons v. pourrez ils pourront
㊱ **préférer** préférant préféré	je préfère tu préfères il préfère n. préférons v. préférez ils préfèrent	je préférais tu préférais il préférait n. préférions v. préfériez ils préféraient	je préférai tu préféras il préféra n. préférâmes v. préférâtes ils préférèrent	je préférerai tu préféreras il préférera n. préférerons v. préférerez ils préféreront
㊲ **prendre** prenant pris	je prends tu prends il prend n. prenons v. prenez ils prennent	je prenais tu prenais il prenait n. prenions v. preniez ils prenaient	je pris tu pris il prit n. prîmes v. prîtes ils prirent	je prendrai tu prendras il prendra n. prendrons v. prendrez ils prendront
㊳ **recevoir** recevant reçu	je reçois tu reçois il reçoit n. recevons v. recevez ils reçoivent	je recevais tu recevais il recevait n. recevions v. receviez ils recevaient	je reçus tu reçus il reçut n. reçûmes v. reçûtes ils reçurent	je recevrai tu recevras il recevra n. recevrons v. recevrez ils recevront
㊴ **rendre** rendant rendu	je rends tu rends il rend n. rendons v. rendez ils rendent	je rendais tu rendais il rendait n. rendions v. rendiez ils rendaient	je rendis tu rendis il rendit n. rendîmes v. rendîtes ils rendirent	je rendrai tu rendras il rendra n. rendrons v. rendrez ils rendront
㊵ **résoudre** résolvant résolu	je résous tu résous il résout n. résolvons v. résolvez ils résolvent	je résolvais tu résolvais il résolvait n. résolvions v. résolviez ils résolvaient	je résolus tu résolus il résolut n. résolûmes v. résolûtes ils résolurent	je résoudrai tu résoudras il résoudra n. résoudrons v. résoudrez ils résoudront
㊶ **rire** riant ri	je ris tu ris il rit n. rions v. riez ils rient	je riais tu riais il riait n. riions v. riiez ils riaient	je ris tu ris il rit n. rîmes v. rîtes ils rirent	je rirai tu riras il rira n. rirons v. rirez ils riront
㊷ **savoir** sachant su	je sais tu sais il sait n. savons v. savez ils savent	je savais tu savais il savait n. savions v. saviez ils savaient	je sus tu sus il sut n. sûmes v. sûtes ils surent	je saurai tu sauras il saura n. saurons v. saurez ils sauront

条件法	接続法		命令法	同　型
現　　在	現　　在	半　過　去		
je pourrais tu pourrais il pourrait n. pourrions v. pourriez ils pourraient	je puisse tu puisses il puisse n. puissions v. puissiez ils puissent	je pusse tu pusses il pût n. pussions v. pussiez ils pussent		
je préférerais tu préférerais il préférerait n. préférerions v. préféreriez ils préféreraient	je préfère tu préfères il préfère n. préférions v. préfériez ils préfèrent	je préférasse tu préférasses il préférât n. préférassions v. préférassiez ils préférassent	préfère préférons préférez	céder considérer espérer pénétrer posséder répéter
je prendrais tu prendrais il prendrait n. prendrions v. prendriez ils prendraient	je prenne tu prennes il prenne n. prenions v. preniez ils prennent	je prisse tu prisses il prît n. prissions v. prissiez ils prissent	prends prenons prenez	apprendre comprendre entreprendre reprendre surprendre
je recevrais tu recevrais il recevrait n. recevrions v. recevriez ils recevraient	je reçoive tu reçoives il reçoive n. recevions v. receviez ils reçoivent	je reçusse tu reçusses il reçût n. reçussions v. reçussiez ils reçussent	reçois recevons recevez	apercevoir concevoir décevoir
je rendrais tu rendrais il rendrait n. rendrions v. rendriez ils rendraient	je rende tu rendes il rende n. rendions v. rendiez ils rendent	je rendisse tu rendisses il rendît n. rendissions v. rendissiez ils rendissent	rends rendons rendez	attendre descendre entendre perdre répondre vendre
je résoudrais tu résoudrais il résoudrait n. résoudrions v. résoudriez ils résoudraient	je résolve tu résolves il résolve n. résolvions v. résolviez ils résolvent	je résolusse tu résolusses il résolût n. résolussions v. résolussiez ils résolussent	résous résolvons résolvez	
je rirais tu rirais il rirait n. ririons v. ririez ils riraient	je rie tu ries il rie n. riions v. riiez ils rient	je risse tu risses il rît n. rissions v. rissiez ils rissent	ris rions riez	sourire 囲　過去分詞 ri は不変
je saurais tu saurais il saurait n. saurions v. sauriez ils sauraient	je sache tu saches il sache n. sachions v. sachiez ils sachent	je susse tu susses il sût n. sussions v. sussiez ils sussent	sache sachons sachez	

不定法 現在分詞 過去分詞	直　説　法			
	現　在	半過去	単純過去	単純未来
㊸ **suffire** suffisant suffi	je suffis tu suffis il suffit n. suffisons v. suffisez ils suffisent	je suffisais tu suffisais il suffisait n. suffisions v. suffisiez ils suffisaient	je suffis tu suffis il suffit n. suffîmes v. suffîtes ils suffirent	je suffirai tu suffiras il suffira n. suffirons v. suffirez ils suffiront
㊹ **suivre** suivant suivi	je suis tu suis il suit n. suivons v. suivez ils suivent	je suivais tu suivais il suivait n. suivions v. suiviez ils suivaient	je suivis tu suivis il suivit n. suivîmes v. suivîtes ils suivirent	je suivrai tu suivras il suivra n. suivrons v. suivrez ils suivront
㊺ **vaincre** vainquant vaincu	je vaincs tu vaincs il vainc n. vainquons v. vainquez ils vainquent	je vainquais tu vainquais il vainquait n. vainquions v. vainquiez ils vainquaient	je vainquis tu vainquis il vainquit n. vainquîmes v. vainquîtes ils vainquirent	je vaincrai tu vaincras il vaincra n. vaincrons v. vaincrez ils vaincront
㊻ **valoir** valant valu	je vaux tu vaux il vaut n. valons v. valez ils valent	je valais tu valais il valait n. valions v. valiez ils valaient	je valus tu valus il valut n. valûmes v. valûtes ils valurent	je vaudrai tu vaudras il vaudra n. vaudrons v. vaudrez ils vaudront
㊼ **venir** venant venu	je viens tu viens il vient n. venons v. venez ils viennent	je venais tu venais il venait n. venions v. veniez ils venaient	je vins tu vins il vint n. vînmes v. vîntes ils vinrent	je viendrai tu viendras il viendra n. viendrons v. viendrez ils viendront
㊽ **vivre** vivant vécu	je vis tu vis il vit n. vivons v. vivez ils vivent	je vivais tu vivais il vivait n. vivions v. viviez ils vivaient	je vécus tu vécus il vécut n. vécûmes v. vécûtes ils vécurent	je vivrai tu vivras il vivra n. vivrons v. vivrez ils vivront
㊾ **voir** voyant vu	je vois tu vois il voit n. voyons v. voyez ils voient	je voyais tu voyais il voyait n. voyions v. voyiez ils voyaient	je vis tu vis il vit n. vîmes v. vîtes ils virent	je verrai tu verras il verra n. verrons v. verrez ils verront
㊿ **vouloir** voulant voulu	je veux tu veux il veut n. voulons v. voulez ils veulent	je voulais tu voulais il voulait n. voulions v. vouliez ils voulaient	je voulus tu voulus il voulut n. voulûmes v. voulûtes ils voulurent	je voudrai tu voudras il voudra n. voudrons v. voudrez ils voudront

条 件 法	接 続 法		命 令 法	同 型
現 在	現 在	半 過 去		
je suffirais tu suffirais il suffirait n. suffirions v. suffiriez ils suffiraient	je suffise tu suffises il suffise n. suffisions v. suffisiez ils suffisent	je suffisse tu suffisses il suffît n. suffissions v. suffissiez ils suffissent	suffis suffisons suffisez	注 過去分詞 suffi は不変
je suivrais tu suivrais il suivrait n. suivrions v. suivriez ils suivraient	je suive tu suives il suive n. suivions v. suiviez ils suivent	je suivisse tu suivisses il suivît n. suivissions v. suivissiez ils suivissent	suis suivons suivez	poursuivre
je vaincrais tu vaincrais il vaincrait n. vaincrions v. vaincriez ils vaincraient	je vainque tu vainques il vainque n. vainquions v. vainquiez ils vainquent	je vainquisse tu vainquisses il vainquît n. vainquissions v. vainquissiez ils vainquissent	vaincs vainquons vainquez	convaincre
je vaudrais tu vaudrais il vaudrait n. vaudrions v. vaudriez ils vaudraient	je vaille tu vailles il vaille n. valions v. valiez ils vaillent	je valusse tu valusses il valût n. valussions v. valussiez ils valussent		
je viendrais tu viendrais il viendrait n. viendrions v. viendriez ils viendraient	je vienne tu viennes il vienne n. venions v. veniez ils viennent	je vinsse tu vinsses il vînt n. vinssions v. vinssiez ils vinssent	viens venons venez	appartenir devenir obtenir revenir (se) souvenir tenir
je vivrais tu vivrais il vivrait n. vivrions v. vivriez ils vivraient	je vive tu vives il vive n. vivions v. viviez ils vivent	je vécusse tu vécusses il vécût n. vécussions v. vécussiez ils vécussent	vis vivons vivez	survivre
je verrais tu verrais il verrait n. verrions v. verriez ils verraient	je voie tu voies il voie n. voyions v. voyiez ils voient	je visse tu visses il vît n. vissions v. vissiez ils vissent	vois voyons voyez	entrevoir revoir
je voudrais tu voudrais il voudrait n. voudrions v. voudriez ils voudraient	je veuille tu veuilles il veuille n. voulions v. vouliez ils veuillent	je voulusse tu voulusses il voulût n. voulussions v. voulussiez ils voulussent	veuille veuillons veuillez	

◆ **動詞変化に関する注意**

不 定 法
-er
-ir
-re
-oir

現在分詞
-ant

	直説法現在		直・半過去	直・単純未来	条・現在
je	**-e**	**-s**	**-ais**	**-rai**	**-rais**
tu	**-es**	**-s**	**-ais**	**-ras**	**-rais**
il	**-e**	**-t**	**-ait**	**-ra**	**-rait**
nous	**-ons**		**-ions**	**-rons**	**-rions**
vous	**-ez**		**-iez**	**-rez**	**-riez**
ils	**-ent**		**-aient**	**-ront**	**-raient**

	直・単純過去			接・現在	接・半過去	命 令 法	
je	**-ai**	**-is**	**-us**	**-e**	**-sse**		
tu	**-as**	**-is**	**-us**	**-es**	**-sses**	**-e**	**-s**
il	**-a**	**-it**	**-ut**	**-e**	**‑t**		
nous	**-âmes**	**-îmes**	**-ûmes**	**-ions**	**-ssions**	**-ons**	
vous	**-âtes**	**-îtes**	**-ûtes**	**-iez**	**-ssiez**	**-ez**	
ils	**-èrent**	**-irent**	**-urent**	**-ent**	**-ssent**		

〔複合時制〕

直　説　法	条　件　法
複合過去（助動詞の直・現在＋過去分詞）	過　去（助動詞の条・現在＋過去分詞）
大　過　去（助動詞の直・半過去＋過去分詞）	接　続　法
前　過　去（助動詞の直・単純過去＋過去分詞）	過　去（助動詞の接・現在＋過去分詞）
前　未　来（助動詞の直・単純未来＋過去分詞）	大過去（助動詞の接・半過去＋過去分詞）

* **現在分詞**は，通常，直説法・現在１人称複数の語尾 -ons を -ant に変えて作ることができる. (nous connaissons → connaissant)
* **直説法・半過去**の１人称単数は，通常，直説法・現在１人称複数の語尾 -ons を -ais に変えて作ることができる. (nous buvons → je buvais)
* **直説法・単純未来**と**条件法・現在**は，通常，不定法から作ることができる.
  (単純未来: aimer → j'aimerai　finir → je finirai　écrire → j'écrirai)
  　ただし，-oir 型動詞の語幹は不規則. (pouvoir → je pourrai　savoir → je saurai)
* **接続法・現在**の１人称単数は，通常，直説法・現在３人称複数の語尾 -ent を -e に変えて作ることができる. (ils finissent → je finisse)
* **命令法**は，直説法・現在の２人称単数，１人称複数，２人称複数から，それぞれの主語 tu, nous, vous を取って作ることができる. (ただし，tu -es → -e　tu vas → va)
  　avoir, être, savoir, vouloir の命令法は接続法・現在から作る.